# 弟子规·千字文

让爱随着文字，

一点点融入到孩子的心灵，

陪伴孩子健康快乐地成长……

长江出版社

## 图书在版编目(CIP)数据

弟子规·千字文/李翔主编.—武汉:长江出版社,2011.8
(学生课外必读丛书)
ISBN 978-7-5492-0583-7

Ⅰ.①弟… Ⅱ.①李… Ⅲ.①汉语—古代—启蒙读物
Ⅳ.H194.1

中国版本图书馆 CIP 数据核字(2011)第 172814 号

弟子规·千字文　　　　　　　　　　　　　　　　　李翔　主编

责任编辑:高伟
装帧设计:青子图书设计
出版发行:长江出版社
地　　　址:武汉市解放大道 1863 号　　　　　　　邮　　编:430010
E-mail:cjpub@vip.sina.com.
电　　　话:(027)82927763(总编室)
　　　　　　(027)82926806(市场营销部)
经　　　销:各地新华书店
印　　　刷:湖北省广水市新闻印务有限公司
规　　　格:787mm×1092mm　　　　1/16　　12 印张　　　150 千字
版　　　次:2011年8月第1版　　　　　2012年8月第2次印刷
ISBN　978-7-5492-0583-7/G · 777
定　　　价:19.80 元

# 目 录

# 目录

# 弟子规

　　《弟子规》是清代康熙时山西绛州人李毓秀所作。李毓秀，字子潜，平生只考中秀才，以教书为生。他根据传统对儿童启蒙的要求，结合自己的教书实践，写成了《训蒙文》，后来经过清代学者贾存仁修订，改名《弟子规》。

　　全书以《论语·学而》中的"弟子入则孝，出则悌，谨而信，泛爱众而亲仁。行有余力，则以学文"开篇，以三字韵语的文字形式，对儿童的言行提出要求，教导儿童应怎样待人处世，核心思想是孝悌仁爱。

　　有一个六岁半的孩子，在听老师讲过"黄香温席"的故事后，在每个冬天的晚上睡觉前，都先用热水袋将妈妈的床焐暖，然后再让妈妈上床休息。

　　有的孩子在家里看到爸爸跷二郎腿坐在沙发上，会冒出一句"勿箕踞，勿摇髀"，提醒父亲要坐得端正。

　　可见，《弟子规》对今天的孩子依然有教育意义。

dì zǐ guī，shèng rén xùn，
弟子规，圣人训，

shǒu xiào tì，cì jǐn xìn。
首孝悌，次谨信。

fàn ài zhòng，ér qīn rén，
泛爱众，而亲仁，

yǒu yú lì，zé xué wén
有余力，则学文

**注释**

悌：尊敬兄长。
谨信：谨慎，讲信用。
爱众：博爱众人。

**译文**

　　《弟子规》这本书是根据圣人的教诲编写的生活规范。我们在日常生活中首先要做到孝敬父母，其次说话要小心、仔细，做一个诚实、讲信用的好孩子。对大众要有爱心，时常亲近品德高尚的人。有多余的时间，应该读书学习。

fù mǔ hū yìng wù huǎn
父 母 呼 ， 应 勿 缓 ，

fù mǔ mìng xíng wù lǎn
父 母 命 ， 行 勿 懒 ，

fù mǔ jiào xū jìng tīng
父 母 教 ， 须 敬 听 ，

fù mǔ zé xū shùn chéng
父 母 责 ， 须 顺 承 。

**注释**

勿：不要。
缓：动作慢。
须：必须。
敬：恭敬地。
顺承：顺应、接受。

**译文**

　　平常在家里，爸爸妈妈叫我们时，要马上答应，不能慢吞吞地应声，更不能听见了却装作没听见。爸爸妈妈让我们去做的事，要马上去做，不能偷懒。爸爸妈妈讲的道理，一定要认真听并努力记住。爸爸妈妈的批评，一定要虚心接受。

【讲故事】

# 子路背米

孔子的学生子路，常因为品行高尚而受到孔子的称赞，也因此成为小朋友们的好榜样。子路之所以能成为孔子的学生，还有一个不为人知的小故事呢。

子路小时候，家里非常穷。有一次，年迈的父母想要吃米饭，但是家里连一粒米也没有了。这可怎么办呢？子路想来想去，只有翻过几座山去亲戚家借点米回来做饭给父母吃！于是，小子路背着箩筐上路了，走了整整一个上午，才走到亲戚家。从亲戚家借到米，他又马上往回赶，一直到太阳落山才赶回家。看到父母吃着香喷喷的白米饭，一股暖流涌进了子路的心田，他开心地笑了。

冬则温，夏则清，
dōng zé wēn xià zé qìng

晨则省，昏则定，
chén zé xǐng hūn zé dìng

出必告，反必面，
chū bì gào fǎn bì miàn

居有常，业无变。
jū yǒu cháng yè wú biàn

**注释**

清：清凉。
反：同"返"，回来。
居：起居，生活。

**译文**

　　冬天要提醒父母多穿衣服，不要感冒着凉。夏天要给父母纳凉。早上起床要向父母问好，晚上睡觉前要对父母说晚安。出门时，要告诉父母去哪儿了。回家后，一定面见父母。要有固定的居住地方，工作也不要经常变动。

【讲故事】

# 黄香温席

dōng hàn shí    yǒu yí gè jiào huáng xiāng de hái zi    tā jiǔ suì
东汉时，有一个叫黄香的孩子，他九岁

jiù shī qù le mā ma    shì bà ba hán xīn rú kǔ bǎ tā lā chě dà
就失去了妈妈，是爸爸含辛茹苦把他拉扯大

de    suǒ yǐ    huáng xiāng duì fù qīn fēi cháng xiào shùn
的。所以，黄香对父亲非常孝顺。

dōng tiān de yè wǎn shí
冬天的夜晚十

fēn hán lěng huáng xiāng jiù zuān
分寒冷，黄香就钻

dào fù qīn de bèi zi li wǔ
到父亲的被子里捂

rè bèi zi    xià tiān de yè
热被子。夏天的夜

wǎn fēi cháng yán rè    huáng
晚非常炎热，黄

xiāng jiù yòng shàn zi bǎ fù qīn
香就用扇子把父亲

de chuáng zhěn shān liáng    rán hòu zài fú fù qīn shàng chuáng xiū xi
的床枕扇凉，然后再扶父亲上床休息。

lín jū men kàn dào hòu    dōu kuā huáng xiāng shì ge xiào shùn de hǎo
邻居们看到后，都夸黄香是个孝顺的好

hái zi    huáng xiāng zhǎng dà hòu    zuò le wèi jùn tài shǒu    chù chù wèi
孩子。黄香长大后，做了魏郡太守，处处为

lǎo bǎi xìng zháo xiǎng    chéng wéi yí wèi shòu bǎi xìng chēng zàn de hǎo guān
老百姓着想，成为一位受百姓称赞的好官。

shì suī xiǎo wù shàn wéi
事虽小，勿擅为，

gǒu shàn wéi zǐ dào kuī
苟擅为，子道亏。

wù suī xiǎo wù sī cáng
物虽小，勿私藏，

gǒu sī cáng qīn xīn shāng
苟私藏，亲心伤。

**注释**

擅：擅自。
苟：如果，假如。
私藏：私自收藏。
亲：父母。
伤：伤心，难过。

**译文**

　　就算是很小的事，也不能背着父母偷偷去做。如果想干什么就干什么，那就不是一个孝顺的孩子。就算是很小的东西，也不能背着父母偷藏起来，如果偷着藏起来，父母知道后会很伤心。

【讲故事】

# 柯子偷钱

gǔ shí hou yǒu yí gè xiǎo hái jiào kē zǐ tā fēi chángcōng
古时候，有一个小孩叫柯子，他非常聪

míng tā de fù mǔ zài jí shì shang zuò xiǎo mǎi mài suǒ yǐ jiā li
明。他的父母在集市上做小买卖，所以家里

jīng jì tiáo jiàn bǐ jiào hǎo
经济条件比较好。

yǒu yì tiān tā cóng sī shú huí dào jiā jué de yǒu xiē è
有一天，他从私塾回到家，觉得有些饿，

kě shì jiā li méi yǒu chī de yú shì tā cóng bà ba de qián xiāng li
可是家里没有吃的。于是他从爸爸的钱箱里

ná le jǐ gè tóng bǎn qù jí shì shang mǎi le yì xiē dōng xi chī mā
拿了几个铜板去集市上买了一些东西吃。妈

mā zhī dào le hěn shēng qì kě bà ba què shuō zì jǐ de
妈知道了，很生气。可爸爸却说："自己的

hái zi ná le nǐ jǐ gè tóng bǎn yǒu shén me dà bù liǎo de
孩子拿了你几个铜板有什么大不了的！"

yòu guò le jǐ gè yuè tā men jiā diū le yí dà bǐ qián
又过了几个月，他们家丢了一大笔钱，

fū qī liǎ jí máng bào le guān shuí zhī chá lái chá qù jìng rán shì kē
夫妻俩急忙报了官。谁知查来查去竟然是柯

zǐ ná le nà bǐ qián dāng guān fǔ de rén xún wèn tā shí tā jìng
子拿了那笔钱。当官府的人询问他时，他竟

rán bù jiě de wèn wǒ ná zì jǐ jiā de qián zhè yě suàn shì
然不解地问："我拿自己家的钱，这也算是

tōu ma
偷吗？

qīn suǒ hào，lì wéi jù，
亲所好，力为具，

qīn suǒ wù，jǐn wéi qù。
亲所恶，谨为去。

shēn yǒu shāng，yí qīn yōu，
身有伤，贻亲忧，

dé yǒu shāng，yí qīn xiū。
德有伤，贻亲羞。

**注释**

好：喜爱，喜好。
具：准备。
恶：厌恶。
伤：损伤，伤害。
忧：担忧。
贻：遗留，给予。
羞：羞辱。

**译文**

父母认为对我们有好处的事情，我们一定要尽力做好。父母不喜欢我们去做的事，一定不要做。如果我们的身体受伤，父母一定会担忧（所以我们一定要注意安全，保护好自己）。如果我们的品格不端正，父母就会感到羞耻。

【讲故事】

# 皇甫谧浪子回头

晋朝有个叫皇甫谧的人，20岁以前，他成天只知道玩耍。他虽然爱玩，但却非常孝敬父母。可是，他母亲并不快乐，眼看着他一天天长大了，也没什么本事，母亲很发愁。

有一天，皇甫谧看到母亲忧心忡忡的样子，就问母亲："娘，你怎么了，谁惹你生气了？"母亲对他说："你整天只知道玩耍，不求上进，我又怎么会高兴呢？"

听了母亲的话，皇甫谧突然醒悟了，他一边干活一边刻苦读书。大家看到他的变化，都很高兴。后来，他学问大进，成为著名的学者和医学家，还写了一部医书《黄帝三部针灸甲乙经》，流传很广。

qīn ài wǒ，xiào hé nán，
亲 爱 我 ，孝 何 难 ，

qīn zēng wǒ，xiào fāng xián。
亲 憎 我 ，孝 方 贤 。

qīn yǒu guò，jiàn shǐ gēng，
亲 有 过 ，谏 使 更 ，

yí wú sè，róu wú shēng。
怡 吾 色 ，柔 吾 声 。

**注释**

爱：喜爱。

难：困难。

憎：讨厌，不喜欢。

贤：可贵。

怡：使喜悦，欢乐。

吾：我，我的。

色：神色，表情。

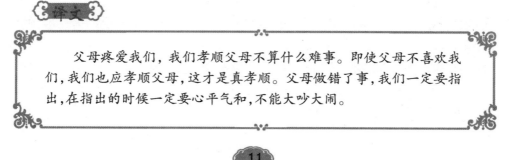

**译文**

父母疼爱我们，我们孝顺父母不算什么难事。即使父母不喜欢我们，我们也应孝顺父母，这才是真孝顺。父母做错了事，我们一定要指出，在指出的时候一定要心平气和，不能大吵大闹。

【讲故事】

# 触龙劝赵太后

战国时候，秦国进攻赵国，赵国向齐国求救，并答应打退秦军后给齐国一些好处。齐国有一些担心，怕赵国说话不算数，便提出要让赵太后的小儿子长安君到齐国当人质，他们才肯出兵。赵太后当然舍不得自己的小儿子，说什么也不答应。

这时，左师触龙去见太后，先是向太后请安，然后便慢慢地跟太后聊起一些公事。触龙又说很担心自己的小儿子，最后才委婉地劝太后应该让长安君经受磨练，为国家建功立业，以后才能有所成就。通过这一番谈话后，太后终于答应了让长安君当人质，齐国才发兵救了赵国。

jiàn bú rù , yuè fù jiàn ,

# 谏不入，悦复谏，

háo qì suí tà wú yuàn

# 号泣随，挞无怨。

**注释**

号：大声哭泣。

挞：用鞭子或
棍子抽打。

怨：怨恨。

**译文**

　　父母如果正在气头上，听不进我们的劝说，那我们就等他们高兴的
时候再劝说。若父母仍然固执不听，有孝心的人不忍父母陷于不义，甚
至放声哭泣来恳求父母改过，即使遭到父母责打，也毫无怨言。

【讲故事】

# 李世民哭劝父亲

唐太宗李世民是中国历史上开明的君主之一。他从小就跟随父亲李渊四处征战，他的军事指挥才能不断得到磨炼，甚至超过了父亲。

有一天，李渊决定连夜拔营攻击敌人。李世民不同意，认为这样做很危险，有可能遭到敌人的围剿，后果不堪设想。可李世民苦口婆心地劝了三次，李渊还是没采纳他的意见，仍然坚持要出兵。无奈之下，李世民就坐在帐篷外面的空地上号啕大哭起来。李渊看到李世民这么伤心，再仔细考虑，觉得李世民说得有道理，就及时停止了行动。后来，根据李世民的建议，父子俩打了一个大胜仗。

qīn yǒu jí   yào xiān cháng
亲有疾，药先尝，
zhòu yè shì   bù lí chuáng
昼夜侍，不离床。

**注释**

疾：疾病。
侍：服侍。

**译文**

　　父母病了，孩子熬好了药要先尝一尝，再端给父母喝，并且要日夜守候在父母的病床前照顾父母。

# 李密辞官侍奉祖母

东晋时的李密以孝顺奶奶而闻名于世。

三国时期，李密曾在蜀国做过尚书郎。后来，晋武帝司马炎非常欣赏他的才能，几次召他去朝廷做官，他都委婉地拒绝了。

后来，晋武帝大怒，让蜀县的官吏逼迫李密出来做官。为了不让官吏为难，李密写了一封信给晋武帝。他在信中说："我生下来六个月，父亲去世，四岁时妈妈改嫁，是祖母含辛茹苦把我养大，而祖母现在身患重病，我怎能弃她而去呢？所以，我实在不能离开祖母去做官。我想你也不会逼迫我违背孝道吧！"

晋武帝看后很感动，批准了李密的请求，让他在家里照顾生病的祖母，再也不逼他做官。

sāng sān nián, cháng bēi yè,
丧 三 年， 常 悲 咽，

jū chù biàn, jiǔ ròu jué。
居 处 变， 酒 肉 绝。

sāng jìn lǐ, jì jìn chéng,
丧 尽 礼， 祭 尽 诚，

shì sǐ zhě, rú shì shēng。
事 死 者， 如 事 生。

**注释**

丧：守孝。
绝：戒除。
祭：祭拜。
事：对待。
如：好像。

**译文**

古时候，父母去世了，子女要守孝三年，想到父母就悲伤。在这三年里，要生活简朴，不和妻子同住，不能喝酒吃肉。办丧事要按规矩，祭拜时要诚心诚意。对待已经去世的父母，要像在他们生前一样尊敬。

【讲故事】

# 庞氏孝母

汉朝有个人叫姜诗，十分孝顺母亲，他的妻子庞氏也很孝顺婆婆。婆婆喜欢喝从河里新打来的水，庞氏就每天走很远的路去打水。

有一天，外面刮着很大的风，婆婆又想喝河里的水了，庞氏便顶着风到河边打水。由于风大，路又不好走，庞氏回来晚了。婆婆不高兴地说了庞氏几句，恰好被姜诗听到了，他立即休了庞氏。庞氏没有怨恨婆婆和丈夫，她寄居在邻居家，日夜织布纺线，用微薄的收入买来好吃的，悄悄托邻居给婆婆送去。婆婆和丈夫还以为是邻居给他们送去的东西。日子久了，婆婆从邻居那里知道了事情的真相，感到很惭愧，连忙让庞氏回家团圆。

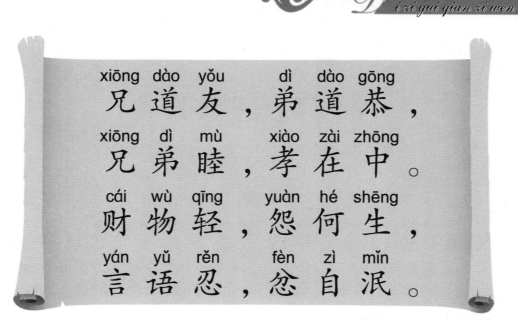

xiōng dào yǒu　dì dào gōng
兄 道 友 ，弟 道 恭 ，
xiōng dì mù　xiào zài zhōng
兄 弟 睦 ，孝 在 中 。
cái wù qīng　yuàn hé shēng
财 物 轻 ，怨 何 生 ，
yán yǔ rěn　fèn zì mǐn
言 语 忍 ，忿 自 泯 。

**注释**

恭：恭敬。

睦：和睦。

何：如何，怎么。

生：产生。

忍：忍耐。

忿：怒，怨恨。

泯：消除。

**译文**

　　每个人都有兄弟姐妹，做哥哥姐姐的要疼爱和照顾弟弟妹妹，做弟弟妹妹的要尊敬哥哥姐姐。兄弟姐妹和睦相处，父母就会快乐，在这和睦之中就存在孝道。看轻钱财，不斤斤计较，这样会少生很多气。说话前要多想一想，不能说伤感情的话，这样就不会产生怨恨。

【讲故事】

# 白居易惩恶

唐代大诗人白居易不但诗写得好，而且还是老百姓心目中正直廉洁的清官。

贞元年间，皇上派白居易去陕西周至当县令。其实，白居易早就听说那儿的官员勾结财主欺压百姓，百姓的日子过得痛苦不堪。所以，他想趁此机会来惩治一下这些财主。

正巧，在白居易刚刚上任的第三天，有两个大财主就因为争一块地到他那儿打官司。

为了打赢官司，两个财主都送了银子给白居易。一个财主把银子装在一条大鱼的肚子里，另一个财主把一只大西瓜掏空，在里面装满了银子。

第二天升堂，白居易一拍惊堂木喝道：

"你们两个谁先说？"送鱼的财主说："我的

理（礼）长，我先说！"送瓜的财主也不甘

示弱："我的理（礼）

大，应该我先说。"

"啪！"白居

易又一拍惊堂木，

"什么礼大礼长，

大胆刁民，竟敢公

然行贿！来人，按大唐例律，各打40大板！"

　　两位财主被拖下大堂，按倒在地，各被

打了40大板。

　　这两个财主一向作恶多端，百姓们见到

他们被打，无不拍手称快："看来，我们这

次的确遇到好官了，我们的苦日子终于熬到

头喽！"至于两位财主行贿的银子，白居易

就用来救济贫苦的百姓了。

huò yǐn shí　huò zuò zǒu
# 或 饮 食 ， 或 坐 走 ，

zhǎng zhě xiān　yòu zhě hòu
# 长 者 先 ， 幼 者 后 。

zhǎng hū rén　jí dài jiào
# 长 呼 人 ， 即 代 叫 ，

rén bú zài　jǐ jí dào
# 人 不 在 ， 己 即 到 。

**注释**

饮：吃饭。
长者：年老的人。
幼者：年轻人。

**译文**

吃饭的时候，要请长辈先入座，而且要让他们坐在上座；走路的时候，要请长辈先走，自己走在长辈的后面。长辈喊别人的时候，我们要帮忙去叫；如果被叫的人不在，就要马上到长辈面前听候差遣。

chēng zūn zhǎng　　wù hū míng

# 称尊长，勿呼名，

duì zūn zhǎng　　wù xiàn néng

# 对尊长，勿见能

### 注释

称：称呼。
尊长：长辈。
对：面对。
见：同"现"，表现。

### 译文

对于父母和长辈，不能直接叫他们的名字，那样是不礼貌的。不要在长辈和师长面前逞能。

【讲故事】

# 甄宇牵羊

东汉时，甄宇在太学里担任教学的博士。

有一年过年，皇上赐给博士一人一只羊。太学里负责分羊的长官却犯愁了，因为羊的大小不一样，肥瘦也不一样，怎么分呢？他把博士们找来一起商量。

一个博士说："把羊都杀掉，然后把肉平均分配。"而另一个博士反驳道："这也不好，肉不好存放和携带。"也有人主张以抓阄的方式来决定。就在大家都没有好的办法时，甄宇却说："干脆咱们自己牵吧，我先牵。"说着，他顺手牵走了最瘦小的那只羊。

大家一看，都拣最小最瘦的羊牵，然后高高兴兴地回家去了。

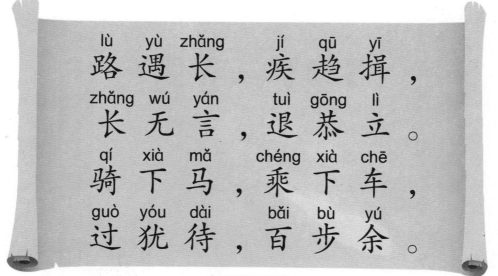

路 遇 长 ， 疾 趋 揖 ，
lù yù zhǎng jí qū yī

长 无 言 ， 退 恭 立 。
zhǎng wú yán tuì gōng lì

骑 下 马 ， 乘 下 车 ，
qí xià mǎ chéng xià chē

过 犹 待 ， 百 步 余 。
guò yóu dài bǎi bù yú

**注释**

趋：小步走过去。
揖：拱手行礼。
言：说话。
犹：还，仍然。
待：等待。

**译文**

　　在路上遇到长辈，要马上上前行礼；长辈还没有吩咐的时候，应该在一旁恭敬地等待。路上遇见长辈，如果自己是骑马，就要下马，如果是乘坐车辆，就应下车，让长辈先过去，等大约离我们百步的距离后，自己才上马或上车走。

【讲故事】

# 张释之尊老

hàn cháo yǒu ge dà chén jiào zhāng shì zhī    tā suī shēn wéi gāo guān
汉朝有个大臣叫张释之，他虽身为高官，

dàn fēi cháng zūn zhòng zhǎng bèi   cóng bú zài zhǎng bèi miàn qián bǎi guān jià zi
但非常尊重长辈，从不在长辈面前摆官架子。

yǒu yí cì    cháo tíng jǔ
有一次，朝廷举

xíng cháo huì   zhòng duō gāo guān
行朝会，众多高官

dà yuán dōu zài chǎng
大员都在场。

yǒu wèi jiào wáng shēng de
有位叫王生的

lǎo rén wà dài sōng le    tā jǐ
老人袜带松了，他几

cì xiǎng wān xià yāo jiāng wà dài jì
次想弯下腰将袜带系

hǎo   kě shì yóu yú tā nián shì yǐ gāo   wān yāo hěn jiān nán   zhè
好，可是由于他年事已高，弯腰很艰难。这

shí   zhàn zài yì páng de zhāng shì zhī zài zhòng mù kuí kuí zhī xià   hěn
时，站在一旁的张释之在众目睽睽之下，很

tǎn rán de guì xià lái   gōng gōng jìng jìng de bāng lǎo rén jì hǎo le wà
坦然地跪下来，恭恭敬敬地帮老人系好了袜

dài   zhōu wéi de rén kàn jiàn hòu   dōu xīn shēng jìng yì   chēng zàn zhāng
带。周围的人看见后，都心生敬意，称赞张

shì zhī qiān xùn zūn lǎo de pǐn dé
释之谦逊尊老的品德。

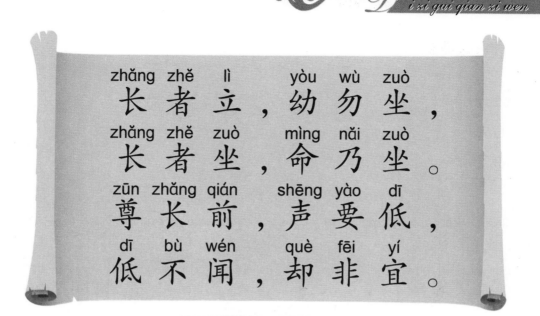

zhǎng zhě lì, yòu wù zuò,
长　者　立，幼　勿　坐，

zhǎng zhě zuò, mìng nǎi zuò。
长　者　坐，命　乃　坐。

zūn zhǎng qián, shēng yào dī,
尊　长　前，声　要　低，

dī bù wén, què fēi yí。
低　不　闻，却　非　宜。

**注释**

命：命令。
乃：于是，才。
尊长：长辈。
宜：适合。

**译文**

　　长辈站着的时候，我们不能坐着，要等长辈坐下之后，招呼我们坐时我们才能坐。在长辈面前，不能大喊大叫；对长辈讲话，也不能声音低得他们听不见。

【讲故事】

# 郦食其助刘邦夺天下

qín cháo mò nián　　liú bāng hé xiàng yǔ bīng fēn liǎng lù　jìn jūn guānzhōng
秦朝末年，刘邦和项羽兵分两路进军关中，

chǔ huáiwáng yǔ　tā men yuē dìng　　xiān jìn rù xián yáng zhě wéi guānzhōngwáng
楚怀王与他们约定，先进入咸阳者为关中王。

liú bāng dà jūn lù guò gāo yáng　　gāo yáng yǒu ge hěn yǒu cái néng
刘邦大军路过高阳。高阳有个很有才能

de rén jiào lì yì jī　　tā jiàn liú bāng shì ge rén wù　jiù qù jiàn
的人叫郦食其，他见刘邦是个人物，就去见

tā　dāng shí　liú bāngzhèng zuò zài chuángshang　liǎng ge shì nǚ cì hòu
他。当时，刘邦正坐在床上，两个侍女伺候

tā xǐ jiǎo　suǒ yǐ lǎo rén jìn lái shí　tā bìng méi qǐ shēn　lì
他洗脚，所以老人进来时，他并没起身。郦

yì jī jiàn zhuàng duì liú bāngshuō　　nǐ rú xiǎng miè diào xiàng yǔ　jiù
食其见状对刘邦说："你如想灭掉项羽，就

bù yīng rú cǐ duì dài zhǎng zhě　　liú bāng zì zhī shī lǐ　gǎn jǐn qǐ
不应如此对待长者。"刘邦自知失礼，赶紧起

shēn qǐng lì yì jī shàng zuò　　lì yì jī jiàn liú bāng zhī cuò jí gǎi
身请郦食其上座。郦食其见刘邦知错即改，

biàn gěi tā chū le yí gè jì cè　bāng zhù tā shùn lì xiāngōng rù xián yáng
便给他出了一个计策，帮助他顺利先攻入咸阳。

cǐ hòu　liú bāng duì lì yì jī gèng jiā zūn zhòng　bìng qiě wěi
此后，刘邦对郦食其更加尊重，并且委

yǐ zhòng rèn　lì yì jī yě méi yǒu gū fù liú bāng de xìn rèn　wèi
以重任。郦食其也没有辜负刘邦的信任，为

liú bāng jiàn lì dà hàn lì xià le hàn mǎ gōng láo
刘邦建立大汉立下了汗马功劳。

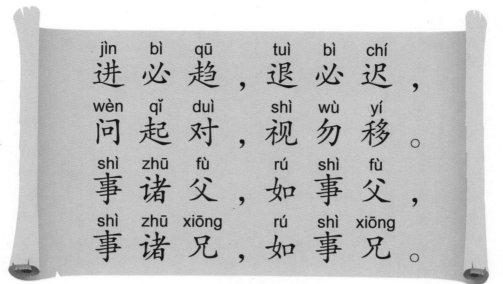

jìn bì qū， tuì bì chí，
进 必 趋 ， 退 必 迟 ，

wèn qǐ duì， shì wù yí。
问 起 对 ， 视 勿 移 。

shì zhū fù， rú shì fù，
事 诸 父 ， 如 事 父 ，

shì zhū xiōng， rú shì xiōng。
事 诸 兄 ， 如 事 兄 。

《注释》

起：起立。
对：回答。
事：服侍，侍奉。
诸父：叔叔、伯父。
诸兄：堂兄、表兄。

《译文》

　　去见长辈时要走得快一点，不要不情愿似的磨磨蹭蹭；和长辈告别后要慢慢退下，不能走得像逃跑一样快。长辈问我们话时，要起立回答，目光要平视，不要东张西望。对待叔叔、伯父，要像对待爸爸一样尊敬；对待堂兄、表兄，要像对待亲哥哥一样友好。

【讲故事】

# 杜环孝奉他人之母

明朝有个人叫杜环。他父亲有一个好朋友不幸患病去世了，他儿子也一时失去了联系，下落不明，留下老夫人没有人照顾。

老太太已经有八十多岁了，又病倒在床。儿子去世了，唯一的孙子也下落不明，该怎么生活呢？杜环决定照顾老夫人的起居，同时也四处打听她孙子的下落。

过了一段时间，杜环终于打听到了老夫人孙子的下落。但她的孙子回来见了老人一面就又匆匆走了，而且再也没有回来。杜环就一直像照顾自己的祖母一样照顾着这位老夫人，直至她去世。

zhāo qǐ zǎo yè mián chí
朝 起 早 , 夜 眠 迟 ,
lǎo yì zhì xī cǐ shí
老 易 至 , 惜 此 时 。
chén bì guàn jiān shù kǒu
晨 必 盥 , 兼 漱 口 ,
biàn niào huí zhé jìng shǒu
便 溺 回 , 辄 净 手 。

注释

朝：早晨。
起：起床。
至：到。
惜：珍惜。
盥：洗（手、脸）。
辄：总是。

译文

　　早上要尽量早起，晚上不要睡太早。因为人生的岁月有限，少年一转眼就到了老年！我们要珍惜现在宝贵的时光。每天早晨起来一定要洗脸刷牙，大小便后也别忘了洗手。

【讲故事】

# 小颖不讲卫生

有一个小朋友叫小颖，他每天早上一起床就到厨房里找吃的，不洗脸也不刷牙，然后就去院子里玩。

有一次，小颖刚上完厕所，就见爸爸提了一篮子水果回来。他赶紧跑过去一把抓过一只梨，大口大口地吃了起来。没过多久，他的肚子就疼起来了，他一遍一遍地跑厕所拉肚子。后来，妈妈请了郎中，为他开了好多服中药，小颖才止住了拉肚子。有了这次拉肚子的经历，小颖再也不敢不洗手就吃东西了。他改掉了不讲卫生的坏习惯，从此，变成了一个人见人爱的讲卫生的好孩子。

guān bì zhèng　niǔ bì jié
冠 必 正 ， 纽 必 结 ，
wà yǔ lǚ　jù jǐn qiè
袜 与 履 ， 俱 紧 切 。
zhì guān fú　yǒu dìng wèi
置 冠 服 ， 有 定 位 ，
wù luàn dùn　zhì wū huì
勿 乱 顿 ， 致 污 秽 。

### 注释

冠：帽子。
纽：纽扣。
履：鞋子。
紧切：穿好，系紧。
置：放置。
定位：固定的位置。
顿：处理，放置。
致：导致。

### 译文

　　帽子要戴正，衣服纽扣要扣好，鞋带、袜子都要系紧、穿好。衣服和帽子都要放到固定的地方，不能随手乱扔，否则很容易弄皱弄脏。

【讲故事】

# 小鸭子丢三落四

一天，小鸭子嘎嘎想到河里游泳。出发之前，鸭妈妈告诉他："一定要注意安全，东西一定得放好，千万别粗心大意！"

嘎嘎一边随口应着"知道了"，一边高高兴兴地来到河边。清清的河水使嘎嘎兴奋不已，他一边往水里走，一边将自己的衣服脱了，随手往河边的草地上一扔。

嘎嘎一边游着，一边欢快地唱着歌。直到太阳快要下山了，嘎嘎才想起回家，他回到岸上，却发现衣服不见了。"奇怪，到底放在哪儿了？"嘎嘎一边东瞧瞧西望望，一边自言自语。最后，只好将一片荷叶披在身上往回赶，惹得路边的小兔笑弯了腰。

yī guì jié   bú guì huá
衣 贵 洁 ， 不 贵 华 ，

shàng xún fèn   xià chèn jiā
上 循 分 ， 下 称 家 。

**注释**

洁：整洁。
华：华丽、华贵。
循分：守本分。
称家：和家庭地位相称。

**译文**

　　衣服最重要的是整洁、干净，而不在于是不是昂贵、华丽。穿衣服要符合自己的身份，也要考虑到家庭的经济状况。

【讲故事】

# 平原君舍家救国

公元前259年，在邯郸之战中，赵国40万大军全军覆没，都城邯郸被秦军围得水泄不通，赵国陷入困境。

有个叫李同的人很担忧赵国的命运，于是求见赵国宗室大臣平原君，对他说："目前，邯郸城里的百姓饥寒交迫，而您家里的仆人都是锦衣玉食。如果秦军破了城，别说您家的仆人了，就是您也什么都没有了。"

平原君采纳了李同的建议，把家产拿出来犒赏三军，把家人编入部队，与全城百姓共同抗敌。赵国军民士气大振，李同率三千敢死军进击秦军，后在楚国和魏国的救援下，保住了邯郸城。

duì yǐn shí wù jiǎn zé

对 饮 食 ， 勿 拣 择 ，

shí shì kě wù guò zé

食 适 可 ， 勿 过 则 。

nián fāng shào wù yǐn jiǔ

年 方 少 ， 勿 饮 酒 ，

yǐn jiǔ zuì zuì wéi chǒu

饮 酒 醉 ， 最 为 丑 。

**注释**

拣择：挑拣，指挑食、偏食。

适：适量。

过则：超过限度，指吃得太饱。

**译文**

　　对于饮食不要挑剔偏食，要适量节制，不可过量。年纪还小时不能饮酒，饮酒过量导致醉酒，不但对自己的身体不好，而且喝醉了丑态百出，最容易犯错。

【讲故事】

# 张飞醉酒丧命

三国时，关羽大意失荆州，败走麦城，被东吴所杀。张飞闻讯后，悲痛万分，整日饮酒痛哭，醉后就狠狠地鞭打下属。

张飞急于为关羽报仇，限期部下赶制孝衣，准备让士兵们改穿孝衣去攻打东吴。那么多士兵每人一套，怎么做得出来呢？他手下的两员大将因为完不成任务，被张飞痛打了一顿。这两人私下里商量道："咱们早晚有一天会被张飞这个酒疯子打死的，还不如今晚趁他喝醉了杀了他，去投奔东吴。"

果不其然，当天晚上，张飞又喝醉了，这两个部下偷偷地溜进大帐，杀死了张飞，投奔东吴去了。

bù cóng róng　　lì duān zhèng
步 从 容 ， 立 端 正 ，

yī shēn yuán　　bài gōng jìng
揖 深 圆 ， 拜 恭 敬 。

wù jiàn yù　　wù bǒ yǐ
勿 践 阈 ， 勿 跛 倚 ，

wù jī jù　　wù yáo bì
勿 箕 踞 ， 勿 摇 髀 。

　注释

揖：作揖。
阈：门槛。
髀：大腿。
箕踞：席地而坐时，随意叉开两腿，像个簸箕，是不恭敬的表现。

　译文

　　走路要不慌不忙，站立姿势端正，作揖鞠躬身子要深深地弯下，外表仪容要恭敬。走路时不要踩到门坎，站立时不要歪斜不正，坐时双脚不要叉开像簸箕，更不要摇摆抖动大腿、小腿。

【讲故事】

# 陈雄收徒

清朝末年，有一个武术家叫陈雄，他的功夫相当好。多年后，陈雄老了，他贴出告示，要招收三名徒弟。很多爱好武术的年轻人都争先恐后地来报名。

陈雄对这些年轻人说："学习武术的人，一定要有习武的样子。走路时要像风一样矫健，站立时要像松树一样端正，坐下时要像钟一样平衡。凡是做不到这三点的，都请回去吧。"

年轻人一听，纷纷地走开了，最后只剩下三个人，他们像三棵挺拔的松树一样站在院子里。陈雄说："你们三个真是练武的好材料啊！"于是，他把自己多年来的绝世武功全传授给了这三个年轻人。

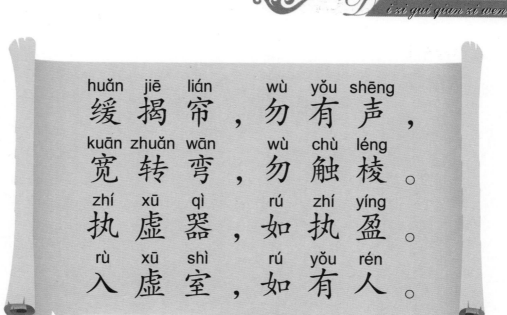

huǎn jiē lián　　wù yǒu shēng
缓 揭 帘，勿 有 声，

kuān zhuǎn wān　　wù chù léng
宽 转 弯，勿 触 棱。

zhí xū qì　　rú zhí yíng
执 虚 器，如 执 盈。

rù xū shì　　rú yǒu rén
入 虚 室，如 有 人。

 **注释**

缓：慢慢地。
揭：揭开，掀起。
棱：棱角。
触：触碰。

**译文**

　　掀门帘时动作要轻缓，不要发出声音；转弯时要转大弯，以免碰到有棱角的东西。拿着空的容器时要跟拿着装满东西的容器一样小心；进入空的房间要像进入有人的房间一样，不能大叫大嚷，也不能蹑手蹑脚，要显得很平静。

【讲故事】

# 蘧伯玉坚守礼节

春秋时，卫国的大夫蘧伯玉是个非常讲礼仪的人，不管在什么情况下他都按礼仪办事。

一天晚上，明月高照，夜色迷人，卫灵公和夫人在王宫的院子里赏月，无意中听到从远处传来一阵阵车马的声音，可经过王宫门口时却没了动静。

卫灵公以为有人要拜见他，便整了整衣冠，站了起来。可等过了一会儿并没有见有人来通报。又过了一会儿，马车声又在远处响了起来。

卫灵公觉得有点奇怪，就让人出去查看，结果发现蘧伯玉的马车伴随着由高到低的马

<ruby>蹄<rt>tí</rt></ruby><ruby>声<rt>shēng</rt></ruby><ruby>渐<rt>jiàn</rt></ruby><ruby>渐<rt>jiàn</rt></ruby><ruby>地<rt>de</rt></ruby><ruby>消<rt>xiāo</rt></ruby><ruby>失<rt>shī</rt></ruby><ruby>在<rt>zài</rt></ruby><ruby>夜<rt>yè</rt></ruby><ruby>色<rt>sè</rt></ruby><ruby>中<rt>zhōng</rt></ruby>。

当时的礼节规定，大臣在经过国君的门前时要下车，而且下了车后还得轻手轻脚地经过，不能吵吵嚷嚷。在夜晚没人看到的情况下，蘧伯玉还是遵守了这个礼节。从此以后，他便成为人们学习的榜样。

43

shì wù máng，máng duō cuò，
事 勿 忙，忙 多 错，

wù wèi nán，wù qīng lüè。
勿 畏 难，勿 轻 略。

dòu nào chǎng，jué wù jìn，
斗 闹 场，绝 勿 近，

xié pì shì，jué wù wèn。
邪 僻 事，绝 勿 问。

事：做事。
忙：慌张。
畏：畏惧，害怕。
轻略：轻视，忽略，草率。
僻：不正，不常见。

　　做事不要忙乱，忙乱中容易出差错；做事不要怕困难，要勇敢地去面对，也不要太轻率大意，要认真对待。打斗哄闹的场所不要接近，邪恶不正经的事绝对不要因为好奇去过问，否则会给自己带来不必要的麻烦。

jiāng rù mén wèn shú cún

将入门，问孰存，

jiāng shàng táng shēng bì yáng

将上堂，声必扬。

**注释**

孰：谁。
存：存在，在。
扬：提高。

**译文**

进别人家时先问问："家里有人吗？"进入别人家的客厅时，要先提高声音让主人知道有客人来了。

【讲故事】

# 杨鹏失礼失友

古时候，有个叫杨鹏的孩子，他去别人家从不敲门，也不打声招呼。因为他年龄小，别人也没有过多地去责怪他。

一天，杨鹏去同窗程桥家讨论学问，他一股劲地冲了进去，这时，正巧程桥的父母坐在床上数钱。杨鹏的突然闯入把程桥全家吓了一大跳。就在这天晚上，有强盗闯入了程桥的家里，抢走了钱，而且还将程桥的父母杀害了。

程桥被叔叔接走了，他认为只有杨鹏知道他家里有钱，这事肯定跟他有关，所以，他对杨鹏怀恨在心。虽然官府确认此事与杨鹏无关，但程桥从此不愿再理他了。

rén wèn shuí    duì yǐ míng
人 问 谁 ， 对 以 名 ，

wú yǔ wǒ    bù fēn míng
吾 与 我 ， 不 分 明 。

**注释**

对：回答。
吾：我。
分明：清楚。

**译文**

做客敲门时，主人问你是谁，要及时回答自己的名字，不能装作没听见，也不能说："是我！"或者"我呀！"因为这样回答，主人还是不清楚你是谁。

【讲故事】

# 魏可教子

gǔ shí hou　　yǒu ge xiàn lìng jiào wèi kě　　tā wéi guān qīng lián
古时候，有个县令叫魏可，他为官清廉，

jiào zǐ yǒu fāng　　yí cì　　tā dào ér zi de shū fáng qù　　jiàn ér
教子有方。一次，他到儿子的书房去，见儿

zi zhèng zài liàn zì　　zhǐ shang xiě le yí gè　　míng　　zì　　wèi kě
子正在练字，纸上写了一个"名"字。魏可

wèn ér zi　　míng　　shì shén me yì si
问儿子，"名"是什么意思？

ér zi dá dào　　shì xìng míng de yì si
儿子答道："是姓名的意思。"

48

"那姓名是不是自己的名字呀？"魏可故意问道。

"是呀！这还用说。"儿子有点不耐烦地回答道。魏可又问："如果有人问你是谁？你怎么回答？"

儿子说："当然是我呀！"

"'我'？'我'有没有名字呢？"魏可不高兴了，严肃地对儿子说："如果别人问起你的姓名，你应该很有礼貌地说清楚，这是对别人的一种尊重，因为只有你尊重了别人，别人才会尊重你，否则，就是自己不尊重自己，知道吗？"

儿子有点不好意思地低下了头，摸着脑袋坐在那儿发呆。过了半天，他才吞吞吐吐地说："知道了，父亲大人！儿子一定牢记在心。"魏可听了，笑着离开了书房。

yòng　rén　wù　　xū　míng　qiú
用　人　物　，须　明　求　，

tǎng　bú　wèn　　jí　wéi　tōu
倘　不　问　，即　为　偷　。

jiè　rén　wù　　jí　shí　huán
借　人　物　，及　时　还　，

hòu　yǒu　jí　　jiè　bù　nán
后　有　急　，借　不　难　。

**注释**

求：征求，请求。
倘：倘若，如果。
即：就是。
借：借用。
急：急需。

**译文**

　　我们要用别人的东西时，一定要事先告诉主人，如果不经过主人的同意而擅自使用，那就和盗窃没什么区别了。借用别人的东西，一定要按时归还，如果以后有急用，再借才不难。

【讲故事】

# 刘备借荆州

赤壁之战前，孙权将荆州借给刘备做安身之地，刘备答应只要取得了西川，就一定把荆州还给东吴。

可是，刘备夺取了西川后并没有将荆州还给东吴。等了好长时间，孙权觉得刘备并没有归还荆州的意思，就主动去向刘备要。

刘备当时虽然满口答应，可人一走就没有任何动静了。

孙权为此非常恼怒，可他也没什么好办法。于是，他一天到晚急得跟热锅

上的蚂蚁一样团团转。

东吴名将陆逊向孙权献上了一条妙计。

首先，造成东吴害怕镇守荆州的关羽的假相，使其疏于防备。后趁关羽在樊城与曹军作战，荆州的守兵不多之机，东吴大将吕蒙命令军队全部穿着老百姓的服装，假扮成商人，半夜突袭江边的烽火台。

荆州守军根本就没有任何防备，东吴的军队长驱直入，很轻易地就骗开了城门，夺回了荆州城。

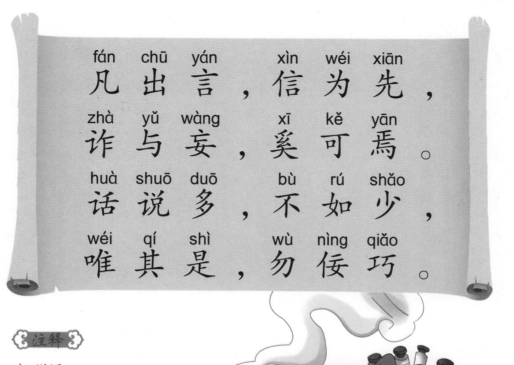

fán chū yán, xìn wéi xiān,
凡 出 言 , 信 为 先 ,
zhà yǔ wàng, xī kě yān。
诈 与 妄 , 奚 可 焉 。
huà shuō duō, bù rú shǎo,
话 说 多 , 不 如 少 ,
wéi qí shì, wù nìng qiǎo。
唯 其 是 , 勿 佞 巧 。

**注释**

言：说话。
信：信用。
妄：荒诞，无根据。
奚：何，怎么。
唯：只。
是：真实，事实。
佞巧：花言巧语。

**译文**

　　我们说出的话，都要讲信用，欺诈不实的言语，能行得通吗？话说得太多不如少说，说话一定要实在，不能花言巧语。

53

# 李廷彦作诗失实

宋朝时，有个叫李廷彦的读书人，他写文章总是夸张，不实事求是。有一次，李廷彦写了一首诗，其中有这么两句："舍弟死在江南，家兄亡于塞北。"上司看了，很同情地说："你的哥哥和弟弟都已经死了，真是不幸啊！"李廷彦解释说："不，我的哥哥并没有死，只是为了诗句对仗工整才这样写的。"

上司一听哭笑不得，不知说什么好。后来，他的哥哥知道了这件事，很生气，质问他："你干嘛要这样咒我呢？"李廷彦听了很惭愧，对哥哥说：我不是故意咒哥哥的，我怎么舍得哥哥去死呢？"

从此以后，他作诗再也不掺假了。

jiān qiǎo yǔ　huì wū cí
奸巧语，秽污词，

shì jǐng qì　qiè jiè zhī
市井气，切戒之。

jiàn wèi zhēn　wù qīng yán
见未真，勿轻言，

zhī wèi dí　wù qīng chuán
知未的，勿轻传。

**注释**

巧：虚浮不实的。
秽：下流。
气：习气。
戒：戒除。
真：真相。
轻：轻易。
的：真实，确实。
传：宣传，传播。

**释文**

　　说话不能夸大其词，更不能嘴上抹蜜、嘴甜心不甜。满口脏话、粗话，都是习民无赖的恶习，一定要戒除，不能沾染。在没有看清事情的真相前，不要随便发表意见。对于事物了解得不是很彻底，不要轻易下结论，更不能四处传扬。

【讲故事】

# 徐霞客探石洞

徐霞客是明代著名的旅行家和地理学家。他经过30年考察写成的60万字的《徐霞客游记》，开辟了地理学上系统观察自然、描述自然的新方向。

《徐霞客游记》既是系统考察祖国山川河流、地貌地质的地理名著，又是描绘华夏风景资源的旅游巨篇，还是文字优美的文学佳作，在国内外具有深远的影响。

徐霞客年轻的时候，经常到祖国的大江名川考察游历。有一次，徐霞客旅行到湖南

chá líng jìng nèi    tīng rén shuō chá líng yǒu gè má yè dòng    dòng zhōng zhù
茶陵境内，听人说茶陵有个麻叶洞，洞中住

zhe yì tiáo chī rén de shén lóng    xú xiá kè bù xiāng xìn    tā jué dìng
着一条吃人的神龙。徐霞客不相信，他决定

yào tàn ge jiū jìng
要探个究竟。

xú xiá kè dào chù dǎ tīng má yè dòng zài nǎ er    kě rén men
徐霞客到处打听麻叶洞在哪儿，可人们

yì tīng shuō shì zhǎo nà
一听说是找那

ge zhù zhe shén lóng de
个住着神龙的

yāo dòng    dōu máo gǔ
妖洞，都毛骨

sǒng rán    bú shì yáo
悚然，不是摇

tóu yáng zhuāng bù zhī
头佯装不知，

jiù shì diào tóu jiù zǒu
就是掉头就走。

zuì hòu hái shì yí wèi
最后还是一位

lǎo rén jia gěi tā zhǐ le lù
老人家给他指了路。

tīng shuō xú xiá kè yào jìn má yè dòng    sì miàn bā fāng de rén
听说徐霞客要进麻叶洞，四面八方的人

dōu fēn fēn pǎo lái guān kàn    yǒu rén quàn xú xiá kè    dòng li de
都纷纷跑来观看。有人劝徐霞客："洞里的

shén lóng kě xiōng le    chī rén lián gǔ tou dōu bù tǔ    nǐ hái shì bié
神龙可凶了，吃人连骨头都不吐！你还是别

jìn qù le
进去了。"

"是呀！那家伙太可怕了，我看你是有进难出，还是别去了。就听大家一句劝吧。"一位老人说着，神情很惊慌。徐霞客微笑着说："谢谢大家的关心！可是你们有谁亲眼看见过神龙？它到底长什么样呢？今天，我正是来为大家解开这个谜的！"

徐霞客让随从打着火把，在一个当地向导的引导下进了洞。洞里黑森森的，除了他们几个人的喘气声外什么也听不见。随从和向导没走几步就退缩了，不敢再往里走。徐霞客接过火把，独自向洞的深处走去，他丝毫没有害怕的感觉。

几个时辰后，徐霞客安然出现在洞口。他镇定地告诉大家，那只是个普通的石灰岩溶洞，根本没有什么吃人的神龙。就这样，徐霞客用自己的探索实践打破了谣言。

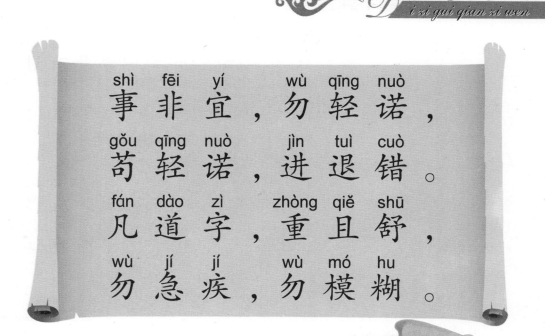

shì fēi yí, wù qīng nuò,
事非宜，勿轻诺，

gǒu qīng nuò, jìn tuì cuò。
苟轻诺，进退错。

fán dào zì, zhòng qiě shū,
凡道字，重且舒，

wù jí jí, wù mó hu。
勿急疾，勿模糊。

 注释

宜：适宜，合适。
诺：承诺。
苟：如果。
舒：舒缓。
疾：快，急。
模糊：不清楚。

译文

　　自己没有把握做到的事，不要轻易地答应别人，许下诺言。如果随便向别人许诺，将来做不到，会使自己进退两难。说话要吐字清晰，不能太快，不能含混不清。

【讲故事】

# 邓艾灭蜀

三国时，魏国灭掉了蜀国，这在很大程度上要归功于魏国的大将军邓艾。邓艾是个孤儿，因家境所迫，他常给富人家放羊。但邓艾胸怀大志，总是抓紧时间勤奋习武，钻研兵法。每次和小伙伴们一起放羊，碰到一些地势险峻的地方，他总会说："如果在此地设下伏兵，一定能够打败敌人。"

因为邓艾有口吃的毛病，说话结结巴巴，小伙伴们总嘲笑他："一个连说话都结结巴巴的人，还想当什么将军，真是白日做梦！"后来，正是这个连话都说不清楚的邓艾做了魏国的大将军。他率领魏国大军成功地偷渡阴平，绕过剑阁，攻入蜀国腹地，最终灭掉了蜀国。

bǐ shuō cháng　cǐ shuō duǎn
彼 说 长 ， 此 说 短 ，
bù guān jǐ　mò xián guǎn
不 关 己 ， 莫 闲 管 。

**注释**

彼：你。
此：我。
关：相关。

**译文**

听到别人说谁的好话或者坏话时，如果与自己无关，就不要插话，
不要多管闲事。

【讲故事】

# 屈原投江殉国

屈原是战国时期的楚国人，是一位伟大的政治家和爱国诗人。他自幼勤奋好学，胸怀大志，26岁就担任了楚国左司徒兼三闾大夫。

屈原非常热爱自己的国家，当时的楚怀王也很信任他。屈原提出的许多抵御强敌秦国吞并的主张和建议都被楚怀王采纳了。

屈原本可以好好施展一番自己的政治抱负，然而不幸的是，楚怀王后来被宫中的坏人蛊惑，变得昏庸、残暴，渐渐疏远了屈原。后来继承王位的楚怀王的儿子又软弱无能，被坏人摆布，也不信任屈原。

屈原感到痛心万分，便在他创作的诗歌中充分表达了他极度失望、痛苦的心情。

zài jiān chén de gǔ huò
在奸臣的蛊惑
xià fǔ xiǔ mò luò de guì
下，腐朽没落的贵
zú shì lì bú duàn duì qū yuán
族势力不断对屈原
jiā yǐ pò hài hé dǎ jī
加以迫害和打击。
qū yuán bèi bà miǎn le guān zhí
屈原被罢免了官职，
bìng liú fàng dào yuán shuǐ xiāng
并流放到沅水、湘
jiāng yí dài
江一带。

qū yuán bèi liú fàng hòu
屈原被流放后，
bìng méi yǒu fàng qì zì jǐ de lǐ xiǎng tā yǎn kàn zhe chǔ guó rén mín
并没有放弃自己的理想，他眼看着楚国人民
méng shòu líng rǔ fēi cháng zháo jí dāng tā dé zhī qín jūn gōng zhàn le
蒙受凌辱，非常着急。当他得知秦军攻占了
chǔ guó de dū chéng zhī hòu gèng shì tòng kǔ wàn fēn
楚国的都城之后，更是痛苦万分。

qū yuán yǎn kàn zì jǐ yí dù xīng wàng de guó jiā yǐ jīng wú wàng
屈原眼看自己一度兴旺的国家已经无望，
yě céng rèn zhēn de kǎo lǜ guò chū zǒu tā guó dàn zuì zhōng hái shì bú
也曾认真地考虑过出走他国，但最终还是不
yuàn lí kāi gù tǔ
愿离开故土。

yú shì zài yí gè yún wù mí màn de huáng hūn tā lái dào
于是，在一个云雾弥漫的黄昏，他来到
cháng shā fù jìn de mì luó jiāng pàn zòng shēn tiào rù jiāng zhōng yǐ sǐ
长沙附近的汩罗江畔，纵身跳入江中，以死

xùn guó
殉国。

jù shuō    qū yuán tiào jiāng de  nà tiān shì nóng lì   wǔ yuè chū wǔ
据说，屈原跳江的那天是农历五月初五。

rén men wèi le   jì niàn zhè wèi wěi dà de  ài guó shī rén    jiù jiāngzòng
人们为了纪念这位伟大的爱国诗人，就将粽

zi tóu rù jiāngzhōng  ràng yú er bù chī qū yuán de  yí tǐ     yīn cǐ
子投入江中，让鱼儿不吃屈原的遗体。因此，

měi nián de  wǔ yuè chū wǔ      rén men jiù chī zòng zi      yǐ cǐ lái  jì
每年的五月初五，人们就吃粽子，以此来纪

niàn zhè wèi wěi dà de  ài guó shī rén    zhè yě shì duān wǔ jié de yóu lái
念这位伟大的爱国诗人。这也是端午节的由来。

jiàn rén shàn，　jí sī qí，
见 人 善，　即 思 齐，

zòng qù yuǎn，　yǐ jiàn jī qí。
纵 去 远，　以 渐 跻。

jiàn rén è，　jí nèi xǐng，
见 人 恶，　即 内 省，

yǒu zé gǎi，　wú jiā jǐng。
有 则 改，　无 加 警。

**注释**

善：好的方面。
齐：看齐。
纵：纵然，即使。
去：离，相差。
警：警惕。

**译文**

　　看到品德高尚的人就向他看齐，即使自己和他差得很远，也可以慢慢赶上。看到做坏事的人就反省自己做过的事，如果有错就马上改过来；如果没有，就警醒自己以后也不要犯同样的过错。

【讲故事】

# 小厨师自省

从前，有个小厨师在酒楼里打工。他平时干活都非常认真仔细。可是有一天，店里的顾客特别多，小伙子忙得手忙脚乱。他匆匆忙忙地把萝卜、青菜、土豆胡乱洗了洗，切了切，就随手丢进锅里去煮。

但他没有想到的是，青菜里居然有条小虫子。不知是顾客根本没发现，还是没有说出来，反正当他们吃完饭后，菜还剩了一些。

晚上，老板用勺子从锅里舀出来一个东西。小伙子仔细一看，妈呀，居然是条虫子。小伙子吓出一身冷汗。从此，他无论干什么事都不敢马虎了。

wéi dé xué，wéi cái yì，
唯 德 学， 唯 才 艺，
bù rú rén，dāng zì lì。
不 如 人， 当 自 砺。
ruò yī fu，ruò yǐn shí，
若 衣 服， 若 饮 食，
bù rú rén，wù shēng qī。
不 如 人， 勿 生 戚。

注释

唯：只有。

砺：磨砺，引申
为发奋图强。

戚：难过。

译文

只要是在品德、学习、才艺方面比不上别人，就应该时刻自我勉励。
如果在穿衣吃饭方面不如别人，就不必感到惭愧忧伤。

wén guò nù ，wén yù lè ，
闻 过 怒 ， 闻 誉 乐 ，

sǔn yǒu lái ， yì yǒu què 。
损 友 来 ， 益 友 却 。

wén yù kǒng ， wén guò xīn ，
闻 誉 恐 ， 闻 过 欣 ，

zhí liàng shì ， jiàn xiāng qīn 。
直 谅 士 ， 渐 相 亲 。

闻：听说。
誉：荣誉，赞扬。
损：损坏，坏。
却：离开。
恐：惶恐，恐惧。
直谅：正直，善良。

译文

　　听到别人指出自己的过失就生气，而别人称赞自己的时候就沾沾自喜，那么，坏朋友就会聚集在你身边，好朋友就会弃你而去。

　　听到别人赞美就感到不安，听到别人批评自己的过错，就觉得欣慰，能够这样做的人，正直诚实的朋友才会接受你。

# 蔡桓公不听劝

战国时，有个君主叫蔡桓公，他只喜欢听别人说好听话，不喜欢别人批评他，指出他的缺点。

有一天，一个叫扁鹊的名医拜访蔡桓公。扁鹊见到蔡桓公，看了看他的面色，说："大王，您病了，得赶快治一治，不然会更严重。"蔡桓公听了很不高兴，没有理他。

过了几天，扁鹊又去拜访蔡桓公。扁鹊看了看蔡桓公的舌头，又给他把了把脉，之后眉头紧锁，关切地对他说："大王，您的病已经加重了，得赶紧治呀！否则就来不及了。"可蔡桓公还是听不进扁鹊的话，仍然没有理睬。

扁鹊走后，蔡桓公还对手下人说："这

个扁鹊就会吓唬人，我没感到哪儿不舒服，可他偏说我病了，而且还越来越严重，真是岂有此理。我看，他就是想骗几个钱！"

又过了几天，扁鹊见到蔡桓公，转身就走。蔡桓公很奇怪，问他："你为什么见了我就要走呢？"

扁鹊回答说："第一次见大王时，您只是有点小病，吃几服药就好了。第二次见到大王时，病得虽然重了，但是扎几针还能治好。而这次我看是没救啦！我还不赶快走，万一您感到不舒服，非要我给您治病，我可没有什么办法了！"

果然，过了几天，蔡桓公就一病不起，没多久就死了。

wú　xīn　fēi，　míng　wéi　cuò

无　心　非，　名　为　错，

yǒu　xīn　fēi，　míng　wéi　è

有　心　非，　名　为　恶。

guò　néng　gǎi，　guī　yú　wú

过　能　改，　归　于　无，

tǎng　yǎn　shì，　zēng　yì　gū

倘　掩　饰，　增　一　辜。

**【注释】**

非：错误。

错：过错。

恶：罪恶。

倘：倘若，如果。

辜：罪，罪名。

**【译文】**

无意之中犯下的错是过失，而故意犯下的错就是罪恶了。不小心做错了事，改过就可以了，如果有意掩饰过错，那就错上加错了。

【讲故事】

# 曹操割发

三国时，曹操率军征战。出发前，他警告将士："千万不要毁坏农田！如果有人违反军令，定斩不饶。"

大军在田间小路上行走着，忽然一群小鸟从麦田中飞了出来，曹操的战马受了惊吓，直向麦田冲去，踏坏了一大片麦子。为此，曹操对军中的执法官说："我违反了军令，应治罪，请你执行吧。"执法官说："不用治罪了，您又不是故意踏坏麦子的。"曹操不肯，对执法官说："我是军中主帅，不能自杀，就把头发割下来代替砍头吧。"说完，他就割下一绺头发，以示对自己"令出如山"有所交代。曹操这种"割发代首"的行为，让他成为威震千军的人物。

fán shì rén jiē xū ài
凡是人，皆须爱，
tiān tóng fù dì tóng zài
天同覆，地同载。

注释

皆：都。
覆：覆盖。
载：承载。

译文

　　要爱我们周围所有的人，因为我们头顶同一片蓝天，生活在同一个地球上。

【讲故事】

# 张先生免费教学

唐朝末年，战乱纷起，人民生活十分疾苦。在湖南一个村庄里，有一个姓张的私塾先生很有爱心，他不忍心让孩子们失学，就尽自己所能教村里的孩子识字。他只收几个富家子弟的一点学费，农家的孩子都分文不要。村里人私下问他："这年月，你自己的温饱都成问题，还这么无私，图个什么呀？"他笑了笑说："其实，人活一世为了什么？不就是图个问心无愧嘛。虽然我很穷，不能给每个孩子提供食物和衣服，但凭我的一点儿墨水，还能让他们识几个字，懂得一些做人的道理。所以，我愿意这样做。"他的行为让村里的人深受感动，从此大家邻里和睦，互帮互助，日子过得越来越好。

xíng gāo zhě, míng zì gāo,
行　高　者，名　自　高，

rén suǒ zhòng fēi mào gāo
人　所　重，非　貌　高。

cái dà zhě wàng zì dà
才　大　者，望　自　大，

rén suǒ fú fēi yán dà
人　所　服，非　言　大。

**注释**

行：德行。

貌：外貌。

才：才能。

望：声望。

服：服从，佩服。

言：语言，言论。

**译文**

　　品行高尚的人，名气自然大。人们所注重的是德行，而不在于外貌是否出众。有才能的人，声望自然大。人们所信服的是能力，而不是说大话。

【讲故事】

# 乱言害己

古时候，有一个年轻人，长得非常英俊，但除此之外没有任何长处，既无什么才学，德行又不好，整日胡吹乱讲，骗吃骗喝，不务正业。

有一天在大街上，他向人吹嘘说如果有人愿出300两银子，他就能把路边的一个石狮子举起来。听他这么一说，顿时很多好奇的人围了过来，看他到底有多大的力气。

其中有一个长者很了解此人的能力和为人。他知道，不管出多少银子，此人都没有能力举起石狮子。于是，他故意说："年轻人，没有真本领，可不能随便卖弄，这样很丢人的。""嘿！还小瞧我。我今天还真给你

露一手。"年轻人显得有点不服气。

"今天有这么多人作证，如果你真能把这石狮子举起来，我就给你300两银子，绝不食言！"长者毫不犹豫地说道。

年轻人听了，就真的装模作样地挽起袖子，拍了拍衣襟，耸了耸肩膀，接着做了两个深呼吸，然后便走到那石狮子前准备去举那座石狮子。

他一边为自己加油，一边去抱那大石狮子。结果，石狮子不但没有抱起来，反倒翻过去把他的一条腿压断了。他躺在地上疼得哇哇大叫，围观的人都哈哈大笑起来。

年轻人吃了这次亏后就变得稳重多了。他开始改过自新，重新做人，安安稳稳地过起他的小日子来。

jǐ yǒu néng，wù zì sī，
己 有 能， 勿 自 私，

rén suǒ néng，wù qīng zǐ。
人 所 能， 勿 轻 訾。

wù chǎn fù，wù jiāo pín，
勿 谄 富， 勿 骄 贫，

wù yàn gù，wù xǐ xīn。
勿 厌 故， 勿 喜 新。

能：才能。
訾：诋毁，怨恨。
谄：巴结，讨好。
骄：在别人面前骄傲。
厌：厌恶。

自己会做的事，别人求教时不要自私保守；别人有才华，不可进行毁谤，应该赞美而不是嫉妒。不要一味地奉承有钱人，也不要看不起穷人。不要厌倦老朋友，也不要只想着交新朋友。

# 姜尚之妻自杀

姜尚辅佐周文王、周武王打败了暴君商纣王，建立周朝，他就是我们历代尊称的姜太公。

姜尚70多岁的时候才娶了妻子马氏，那时姜尚还是个普普通通的老百姓。马氏虽然嫁给了他，可始终看不起他。姜尚每天潜心研究学问，马氏便讥讽他说："已经到了70多岁的人了，难道还想做官吗？"

没过多久，马氏便因为姜尚贫寒而离开了他。后来，周文王在渭水河边遇到了已经80多岁的姜尚，请他帮助自己治理国家。马氏听说后，非常后悔，悄悄地自杀了。

rén bù xián, wù shì jiǎo,

**人 不 闲 ， 勿 事 搅 ，**

rén bù ān, wù huà rǎo。

**人 不 安 ， 勿 话 扰 。**

rén yǒu duǎn, qiè mò jiē,

**人 有 短 ， 切 莫 揭 ，**

rén yǒu sī, qiè mò shuō。

**人 有 私 ， 切 莫 说 。**

### 注释

人：别人。

闲：空闲。

搅：打搅，麻烦。

扰：打扰。

短：缺点。

揭：揭穿。

### 译文

　　别人没有空的时候不要去打搅，别人心里不安的时候我们更不该在他耳边闲言碎语。别人的短处我们千万不要当众揭穿，别人的隐私我们也不要随便谈论。

【讲故事】

# 杨阜屡谏

sān guó shí　　yǒu yì tiān　　wèi guó dà chén yáng fù kàn jiàn wèi
三国时，有一天，魏国大臣杨阜看见魏

míng dì chuān zhe yí jiàn biàn fú zài gōng zhōng sàn bù　　tā biàn zǒu shàng qián
明帝穿着一件便服在宫中散步，他便走上前

qù　 hěn yǒu lǐ mào de shuō　　nín zhè shēn dǎ bàn kǒng pà bú tài hǎo
去，很有礼貌地说，您这身打扮恐怕不太好，

bù fú hé lǐ yí　　wèi míng dì tīng le hòu yǒu xiē bú yuè　　dàn méi
不符合礼仪。魏明帝听了后有些不悦，但没

shuō shén me　　yú shì huí qù huàn
说什么，于是回去换

le yī fu
了衣服。

hòu lái　　wèi
后来，魏

míng dì zuì téng ài de
明帝最疼爱的

nǚ er sǐ le　　tā
女儿死了，他

fēi cháng bēi shāng　　jué
非常悲伤，决

dìng qīn zì sòng zàng
定亲自送葬。

yáng fù jué de bù tuǒ
杨阜觉得不妥，

duì wèi míng dì shuō
对魏明帝说：

"过去，先皇和太后去世，你都没有去送葬，现在女儿死了去送葬，这于礼法不合。"

魏明帝听了之后，虽然觉得杨阜的话很有道理，但毕竟死去的是自己最疼爱的女儿，不去送送女儿，他心里也很愧疚。

正在左右为难拿不定主意时，杨阜却在一边说个没完没了。正处在极度悲伤中的魏明帝一下子烦躁起来，他不但没有采纳杨阜的意见，还把他赶出了朝堂。

dào rén shàn ，jí shì shàn ，
道 人 善 ，即 是 善 ，
rén zhī zhī ，yù sī miǎn è ，
人 知 之 ，愈 思 勉 恶 ，
yáng rén è ，jí shì è zuò ，
扬 人 恶 ，即 是 恶 作 。
jí zhī shèn ，huò qiě ，
疾 之 甚 ，祸 且 。

**注释**

道：说。
善：好。
勉：勉励。
疾：厌恶，憎恨。
作：发生。

**译文**

赞美别人做的好事，这本身就是一件好事，因为做好事的人知道了，就会更加注意自己的言行，做更多的好事。四处去讲别人的过错，这本身就是一件坏事。那个被你讲坏话的人如果知道了，恨透了你，大祸就会发生。

【讲故事】

# 兄弟县令

gǔ shí hou yǒu
古时候，有
liǎng xiōng dì zài xiāng lín
两兄弟，在相邻
de liǎng gè xiàn zuò xiàn lìng
的两个县做县令。

qǐ chū xiōng dì
起初，兄弟
liǎ chā bié hěn dà gē
俩差别很大。哥
ge guǎn xiá de xiàn fán róng
哥管辖的县繁荣
ān dìng bǎi xìng ān jū
安定，百姓安居
lè yè lǎo bǎi xìng dōu
乐业，老百姓都
jiào tā fù mǔ guān
叫他"父母官"。

ér dì di guǎn xiá de xiàn zǒng shì zhuāng jia qiàn shōu tuō qiàn fù shuì
而弟弟管辖的县总是庄稼歉收，拖欠赋税，
hái jīng cháng yǒu dǎ jià hé tōu dào de shì qing fā shēng lǎo bǎi xìng duì
还经常有打架和偷盗的事情发生，老百姓对
tā yì jiàn hěn dà shuō tā bù qín yú zhèng shì bù guān xīn lǎo bǎi
他意见很大，说他不勤于政事，不关心老百
xìng de jí kǔ zhěng tiān bǎi guān jià zi dào chù zhuàn you
姓的疾苦，整天摆官架子到处转悠。

两个县为什么会有这么大的差别呢？弟弟觉得很奇怪，他前思后想，不知是什么原

因。于是，他就去向哥哥请教，看他到底是如何当县令，如何取得老百姓的好评，成为人见人爱的父母官的。

他来到哥哥的县衙里，正碰上哥哥在听一个穷苦百姓诉说自己的遭遇。那位百姓一把鼻涕一把泪地哭诉着，弟弟听着听着就不耐烦了。他想：百姓那么多，每个都亲自过问，不累死才怪哩。

于是，他要赶那个穷人走。哥哥见状，

生气地责备
他说："如果
你不去过问，
怎么会知道老
百姓的事情
呢？"

弟弟受了
责备，突然明
白自己为什么
治理不好自己
的县了。因为他总是摆着一副官架子，对谁
都恶言恶语，老百姓怎么会喜欢他呢，谁还
会甘心为他做事呢？

从此，他向哥哥学习，把自己的县也治
理得非常好。

善 相 劝 ， 德 皆 建 ，
shàn xiāng quàn dé jiē jiàn

过 不 规 ， 道 两 亏 。
guò bù guī dào liǎng kuī

凡 取 与 ， 贵 分 晓 ，
fán qǔ yǔ guì fēn xiǎo

与 宜 多 ， 取 宜 少 。
yǔ yí duō qǔ yí shǎo

**注释**

劝：鼓励，勉励。
建：建立。
规：规劝。
亏：亏负。
与：给予
取：取得，获取。

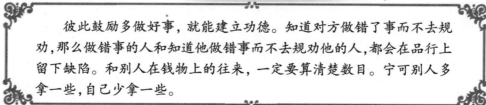

**译文**

　　彼此鼓励多做好事，就能建立功德。知道对方做错了事而不去规劝，那么做错事的人和知道他做错事而不去规劝他的人，都会在品行上留下缺陷。和别人在钱物上的往来，一定要算清楚数目。宁可别人多拿一些，自己少拿一些。

【讲故事】

# 三叶和尚讽于廉

古代有个人叫于廉，做官几十年，清正廉明，深得百姓爱戴。他有个朋友叫毕士能，是个和尚，法号叫三叶。于廉为官期间，百姓都赞不绝口，可三叶和尚却经常给他敲警钟。

于廉50岁那一年，家人都商量着要给他好好庆祝生日，于廉为此也很高兴。宴会那天很热闹，宾客们谈笑风生，举杯庆贺。可三叶和尚一直到宴会开始很久后才来，更让人意外的是，他一进门就大哭，所有人都愣住了，不知道他为什么哭。三叶和尚边哭边说："于廉啊于廉，人们都说你是清官，原来你这么奢侈浪费，怎么能称得上清官呢？"

于廉听了，惭愧地低下了头。

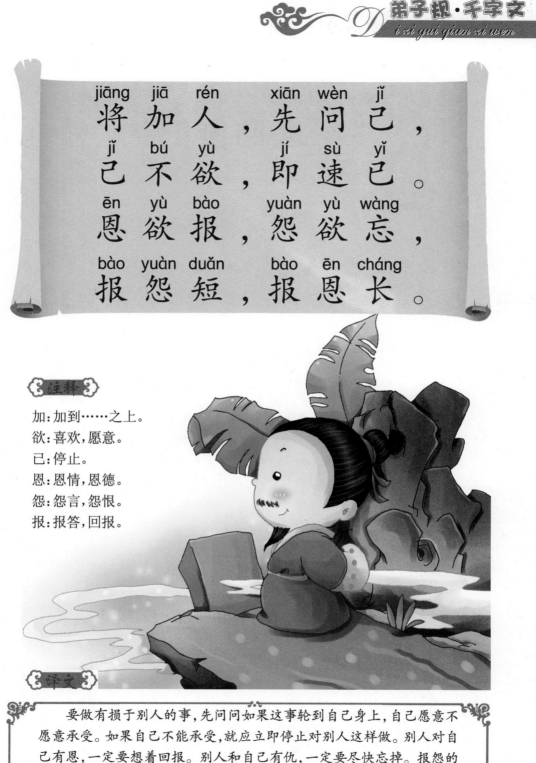

jiāng jiā rén　xiān wèn jǐ
将 加 人 ， 先 问 己 ，
jǐ bú yù　jí sù yǐ
己 不 欲 ， 即 速 已 。
ēn yù bào　yuàn yù wàng
恩 欲 报 ， 怨 欲 忘 ，
bào yuàn duǎn　bào ēn cháng
报 怨 短 ， 报 恩 长 。

**注释**

加：加到……之上。

欲：喜欢，愿意。

已：停止。

恩：恩情，恩德。

怨：怨言，怨恨。

报：报答，回报。

**译文**

　　要做有损于别人的事，先问问如果这事轮到自己身上，自己愿意不愿意承受。如果自己不能承受，就应立即停止对别人这样做。别人对自己有恩，一定要想着回报。别人和自己有仇，一定要尽快忘掉。报怨的想法在心里停留的时间越短越好，而报恩的念头一定要长久不忘。

【讲故事】

# 阿里和吉伯

有一次，著名的阿拉伯作家阿里和他的两位好朋友吉伯、马沙一起去旅行。三人行经一处山谷时，马沙失足滑落，幸而吉伯拼命拉住他，才将他救起。马沙于是在附近的大石头上刻下："某年某月某日，吉伯救了马沙一命。"三人来到了一处沙地，吉伯跟马沙因为一件小事而吵了起来，吉伯一气之下打了马沙一耳光。马沙跑到沙滩上写下："某年某月某日，吉伯打了马沙一耳光。"

当他们旅行回来后，阿里好奇地问马沙为什么把吉伯救他的事刻在石头上，而将吉伯打他的事写在沙子上。马沙回答说："我永远都感谢吉伯救我。至于他打我的事，会随着沙滩上字迹的消失而忘得一干二净。"

待婢仆，身贵端，
dài bì pú，shēn guì duān

虽贵端，慈而宽。
suī guì duān，cí ér kuān

势服人，心不然，
shì fú rén，xīn bù rán

理服人，方无言。
lǐ fú rén，fāng wú yán

**注释**

势：权势。

理：道理。

不然：不以为然。

**译文**

对待家中的婢女和仆人，要注意自己的品行端正并以身作则，虽然品行端正很重要，但仁慈宽厚更重要。用权势压制别人，别人虽然表面服从，但心里却不以为然，而用道理去说服，别人才会心服口服。

tóng shì rén，lèi bù qí，
同 是 人 ， 类 不 齐 ，
liú sú zhòng，rén zhě xī。
流 俗 众 ， 仁 者 稀 。
guǒ rén zhě，rén duō wèi，
果 仁 者 ， 人 多 畏 ，
yán bú huì，sè bú mèi。
言 不 讳 ， 色 不 媚 。

同：同样。
类：类别，品类。
稀：少。
果：果真。
畏：敬畏。
色：脸色。
媚：献媚。

**译文**

　　同样是人，人品却有不同。流于世俗的人多，品行高尚的人却少。一个真有德行的人，人们都会敬畏他，他说话没有什么顾虑，无论对待什么人都不卑不亢，不会去讨好献媚。

【讲故事】

## 唐太宗和魏徵

唐朝时，有一位受人尊敬的正直的大臣，名叫魏徵。他说话很直率，常常当众指出唐太宗的错误。唐太宗李世民是一个开明的君主，认识到自己错了，就会马上改过。

唐太宗是杀了想害死他的哥哥太子李建成才登上皇位的。魏徵本来是李建成的谋士，还劝说过李建成早点儿杀掉李世民。后来唐太宗知道了，就把他找来，大声责问他："你为什么要在我们兄弟间挑拨离间呢？"魏徵脸色都不变一下，答道："如果太子早听我的话，就不会死在你手上了。"唐太宗见他言之有理，临危不惧，反而从此更加欣赏和信赖他了。

néng qīn rén   wú xiàn hǎo
能 亲 仁 ， 无 限 好 ，
dé rì jìn   guò rì shǎo
德 日 进 ， 过 日 少 。
bù qīn rén   wú xiàn hài
不 亲 仁 ， 无 限 害 ，
xiǎo rén jìn   bǎi shì huài
小 人 进 ， 百 事 坏 。

**注释**

亲：亲近。
德：品德。
日：一天天。
过：过错，过失。
进：亲近。
百事：很多事。

**译文**

多和品德高尚的人接触，自己会大有收获，我们的品德也会渐渐变得高尚，过失也一天少于一天。不和品德高尚的人接触，有很大的害处，坏人会乘虚而入，围绕着我们，那样，我们所有的事都做不好。

【讲故事】

# 刘宾学坏

古时候，有个名叫刘宾的人，他在学堂里认识了一个朋友，名叫赵学谦。赵学谦不但诚实好学，而且谦虚有礼。经过一段时间的交往，两个人成了非常亲密的朋友。在赵学谦的影响下，刘宾也变得勤奋好学，诚实懂礼。

后来，刘宾渐渐长大了，父母为了让他继承祖业，决定搬回老家去住。在那里父母整天忙于生意，放松了对刘宾的教育。渐渐的，刘宾跟当地一些不三不四的小流氓交往，学会了喝酒、打架和惹是生非，最后因酒后打人致残被抓进了官衙的大牢！

bù lì xíng dàn xué wén
不 力 行 ， 但 学 文 ，
zhǎng fú huá chéng hé rén
长 浮 华 ， 成 何 人 。
dàn lì xíng bù xué wén
但 力 行 ， 不 学 文 ，
rèn jǐ jiàn mèi lǐ zhēn
任 己 见 ， 昧 理 真 。

**注释**

行：实践，做。

但：只。

长：滋味。

何：什么。

**译文**

　　只学书本上的大道理，不去努实践，这样很容易养成浮华的习性，很难成为有用的人。但如果只一味做事，却不去学习理论，就容易固执己见，而不明白真理。

dú shū fǎ　yǒu sān dào
读 书 法 ，有 三 到 ，

xīn yǎn kǒu　xìn jiē yào
心 眼 口 ，信 皆 要 。

fāng dú cǐ　wù mù bǐ
方 读 此 ，勿 慕 彼 ，

cǐ wèi zhōng　bǐ wù qǐ
此 未 终 ，彼 勿 起 。

**注释**

法：方法。
信：的确，确实。
要：重要。
终：结束。
此：这。
起：开始。
慕：想。
彼：那。

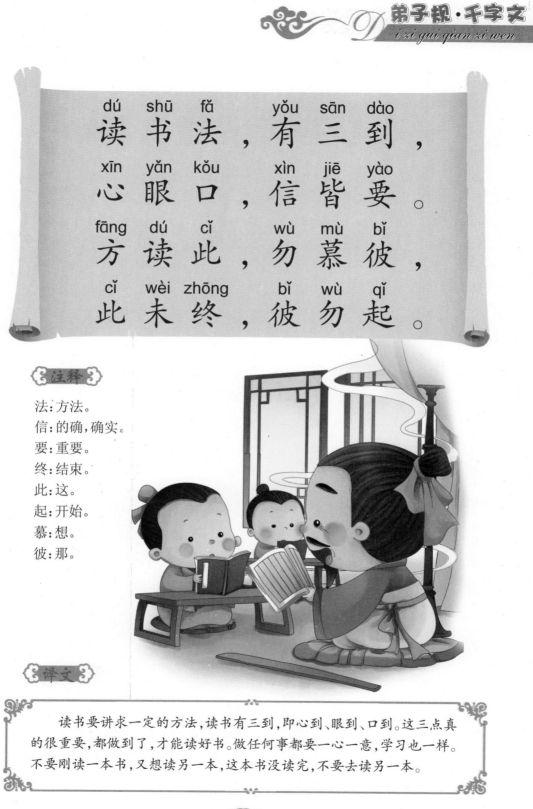

**译文**

　　读书要讲求一定的方法，读书有三到，即心到、眼到、口到。这三点真的很重要，都做到了，才能读好书。做任何事都要一心一意，学习也一样。不要刚读一本书，又想读另一本，这本书没读完，不要去读另一本。

【讲故事】

# 顾炎武注重调查

明末清初的大学问家顾炎武是江苏昆山人，出身江南的一个大家族。他的祖父是个很有见识的人，认为读书一定要研究实际。顾炎武受了祖父的影响，很小就看《资治通鉴》和《史记》，还从头到尾抄了一遍，力求弄明白每句话的意思。他十分关心时事，总能把书上的东西运用到实际生活中。

顾炎武十分喜爱读书，每次外出时，都带上四匹马，自己骑一匹，另外三匹都是用来驮书的。路过街道时，不知道实情的人还以为他在搬家，要将这些书搬到另外一个地方去。可顾炎武骑在马背上一边赶路，一边口中念念有词，默默地背书。真可谓"口而诵，心而惟，朝于斯，夕于斯"。

为了确定书的内容是否正确，他常常进行实地调查，把调查得来的知识和书上的内容逐一对照。要是从访问中得到的材料和书中记载的不一样，他一定要亲自到那里去观察一番，把亲眼看到的情况在书里注明，以后再进行研究，写成文章来阐明自己的见解和观点。

就这样，顾炎武读的书越来越多，知识也越来越丰富，终于成为著名的大学问家。

kuān wéi xiàn　jǐn yòng gōng
宽 为 限 ， 紧 用 功 ，
gōng fu dào　zhì sè tōng
工 夫 到 ， 滞 塞 通 。
xīn yǒu yí　suí zhá jì
心 有 疑 ， 随 札 记 ，
jiù rén wèn　qiú què yì
就 人 问 ， 求 确 义 。

**注释**

限：期限。

通：畅通。

滞塞：堵塞，指学习上不懂的地方。

随：随手。

札：古代写字用的木片。

就：即，便。

求：寻求。

确义：确切的意义。

**译文**

　　读书要制定长期的计划，并且要抓紧时间用功。工夫到了，疑难不懂的问题自然就解决了。读书碰到问题，要随时记下来，见到懂的人就问，弄明白它的道理。

fáng  shì  qīng    qiáng  bì  jìng
房 室 清 ， 墙 壁 净 ，
jǐ  àn  jié    bǐ  yàn  zhèng
几 案 洁 ， 笔 砚 正 。

**注释**

清：清洁。
净：干净。
几案：书桌。
洁：整洁。
正：端正。

**译文**

　　书房要整洁，写字台要干净，书本和笔都要放在固定的地方，这是每一个读书的人都应该做到的。

【讲故事】

# 陈蕃扫天下不扫屋

东汉时的陈蕃是一位著名的学者,他小时候很懒散,经常把屋子弄得乱七八糟。有一次,他父亲的一位朋友来拜访,看到陈蕃的屋子十分凌乱,有点不舒服,而陈蕃却若无其事地坐在那儿看书。

那位朋友说:"你怎么不打扫房间呢?"陈蕃无所谓地说:"我才不打扫呢,我的手就不是干这些杂活的,我的手是用来打扫天下的。"那位朋友笑了:"连一间屋子都不打扫,怎能打扫天下呢?"陈蕃的脸一下子红了,幡然醒悟,马上放下书,起身把房间打扫得干干净净。从此,他逐渐养成了整洁、勤劳的好习惯。

mò mó piān, xīn bù duān。
墨 磨 偏 , 心 不 端 。

zì bú jìng, xīn xiān bìng。
字 不 敬 , 心 先 病 。

liè diǎn jí, yǒu dìng chù。
列 典 籍 , 有 定 处 。

dú kàn bì, huán yuán chù。
读 看 毕 , 还 原 处 。

**注释**

端：端正。
敬：认真。
病：心神散乱,浮躁不安。
列：摆放。
毕：完。

**译文**

　　古人认为磨墨的时候将墨磨偏了,是心思不端正的表现。而字写得不端正,也是不专心的表现。各种书籍的摆放,要有固定的位置,看完的书一定要放回原处。

【讲故事】

# 石匠打石

有一个石匠要给人做一个石磨，磨很大，石匠好不容易在山脚下找到了一块巨石，他便拿来一个小铁锤和一个小凿子敲起来。他举起锤子一下又一下地敲，可大石头上连一个裂痕都没有。有人开始暗暗笑他了："这人真奇怪，那么大的石头，用这样小的锤子敲，什么时候才能把它砸开，真是异想天开啊！"

石匠听到别人的议论，却丝毫没有懈怠，继续举起锤子重重地敲下去，他知道一定会有成效的。一下又一下，不知道敲了多少下，那块石头终于裂成了两半。

虽 有 急 ， 卷 束 齐 ，
suī yǒu jí juǎn shù qí

有 缺 坏 ， 就 补 之 。
yǒu quē huài jiù bǔ zhī

非 圣 书 ， 屏 勿 视 ，
fēi shèng shū bǐng wù shì

蔽 聪 明 ， 坏 心 志 。
bì cōng míng huài xīn zhì

**注释**

非：不是。

屏：摒弃。

蔽：蒙蔽。

**译文**

　　就算有急事也要把书收拾整齐，书破了一定要补好。不好的书不要读，坏书就像坏朋友一样，会蒙蔽我们的眼睛，让我们走上邪路。

【讲故事】

# 邵雍苦读书

shàoyōng shì běi sòng zhù míng de xué zhě  tā cóng xiǎo dú shū jiù
邵雍是北宋著名的学者，他从小读书就

fēi cháng kè kǔ   bú lùn shì shǔ jiǔ hán tiān hái shì sān fú kù shǔ
非常刻苦，不论是数九寒天还是三伏酷暑，

tā zǒng shì fú àn kè kǔ gōng dú  cóng bù xiè dài
他总是伏案刻苦攻读，从不懈怠。

shàoyōng suī rán zhī shi yuān bó  dàn tā yì shēng bù qiú gōngmíng
邵雍虽然知识渊博，但他一生不求功名，

guò zhe yǐn jū de shēnghuó  tā xǐ huan chū
过着隐居的生活。他喜欢出

yóu  měi cì chū yóu  yù dào
游，每次出游，遇到

yì xiē zhī shi yuān bó de rén jiù
一些知识渊博的人就

xū xīn xiàng tā rén qiú jiào
虚心向他人求教。

tā shēn gǎn zì jǐ xué wèn fū
他深感自己学问肤

qiǎn  huí lái hòu yòu gèng jiā
浅，回来后又更加

nǔ lì de dú shū  tā hái hé sī
努力地读书。他还和司

mǎ guāngděng rén jié wéi péng you  xiāng hù qiē cuō xué wèn  shàoyōng de
马光等人结为朋友，相互切磋学问。邵雍的

zuò fǎ gǎn rǎn le hěn duō dú shū rén
做法感染了很多读书人。

wù zì bào wù zì qì
# 勿自暴，勿自弃。
shèng yǔ xián kě xùn zhì
# 圣与贤，可驯致。

**注释**

暴：糟踏。
弃：放弃。
驯：循序渐进。
致：达到。

**译文**

　　不要自甘堕落、不求上进而放纵自己的言行。圣贤的境界虽高，但只要努力，也可逐渐达到。

【讲故事】

# 公孙弘做官

xī hàn shí　yǒu ge jiào gōng sūn hóng de rén　nián qīng shí dāng
西汉时，有个叫公孙弘的人，年轻时当

guò xuē xiàn de jiān yù guān　yīn wèi guò cuò ér bèi miǎnguān　yīn jiā
过薛县的监狱官，因为过错而被免官。因家

lǐ qióng　tā zhǐ hǎo yǐ yǎng
里穷，他只好以养

zhū wéi shēng　zhí
猪为生，直

dào sì shí duō suì
到四十多岁

shí　cái kāi shǐ
时，才开始

dú shū
读书。

hàn wǔ dì
汉武帝

jiàn yuán yuán nián
建元元年，

zhāoxuǎn xián liáng wén
招选贤良文

xué zhī shì　yǐ
学之士，已

jīng liù shí suì de gōng sūn hóng bèi zhēngzhào rù jīng　dāng le bó shì
经六十岁的公孙弘被征召入京，当了博士。

tā fèng mìng chū shǐ xiōng nú　hàn wǔ dì rèn wéi tā méi wánchéng rèn wù
他奉命出使匈奴，汉武帝认为他没完成任务，

ràng tā miǎn guān guī jiā　　yuán guāng wǔ nián　　hàn wǔ dì xià zhào shū
让他免官归家。元光五年，汉武帝下诏书，

zhēng zhào wén rén　　guó rén yòu tuī jiàn gōng sūn hóng　　gōng sūn hóng jù jué
征召文人，国人又推荐公孙弘。公孙弘拒绝

shuō　　wǒ yǐ jīng xī qù jīng chéng jiē shòu huáng shang de rèn mìng　　yīn
说："我已经西去京城接受皇上的任命，因

wèi wú néng ér bà guān
为无能而罢官

guī lái　dà jiā hái
归来，大家还

shì huàn ge rén ba
是换个人吧！"

dàn guó rén jiān jué tuī
但国人坚决推

jǔ gōng sūn hóng　　bèi
举公孙弘。被

tuī jǔ de yì bǎi duō
推举的一百多

gè rú shēng suǒ xiě de
个儒生所写的

zhèng lùn wén zhāng bèi
政论文章被

sòng dào hàn wǔ dì nà
送到汉武帝那

li　　hàn wǔ dì quān
里，汉武帝圈

dìng gōng sūn hóng wéi dì yī míng　　hàn wǔ dì yòu fēng tā wéi bó shì
定公孙弘为第一名，汉武帝又封他为博士。

gōng sūn hóng wéi rén zhōng hòu　　shàn yú yán tán　　shú xī wén shū
公孙弘为人忠厚，善于言谈，熟悉文书

fǎ lìng hé guān chǎng shì wù　　ér qiě hái néng yòng rú xué guān diǎn jiā yǐ
法令和官场事务，而且还能用儒学观点加以

文饰。汉武帝非常喜欢他，在两年之内，他便官至左内史。

汉武帝分别召见公孙弘和另一位大臣汲黯，汲黯向汉武帝提出的问题，公孙弘随后都阐述得清清楚楚，他所说的意见都被采纳。从那以后，公孙弘深得汉武帝的青

睐，但他却依旧很节俭，仍盖布被，吃饭时肉菜不超过两样。

汲黯因公孙弘受汉武帝重用而嫉恨，在汉武帝面前诋毁他："公孙弘处于三公的地

位，俸禄很多，但却盖布被，这是欺诈。"汉

武帝问公孙弘，公孙弘谢罪说："有这事，我

有三公的高贵地位却盖布被，确实是巧行

欺诈。我听说管仲当齐国的宰相，有三处

住宅，其奢侈可与齐王相比，齐桓公依靠

管仲称霸，也是对在上位的国君的越礼行

为。晏婴为齐景公的宰相，吃饭时肉菜不

超过两样，他的妻妾不穿丝织衣服，齐国

治理得很好，这是晏婴向下面的百姓看齐。

如今我当了御史大夫，却盖布被，这是有

损官员的威仪。没有汲黯的忠诚，陛下怎

能听到这些话呢！"汉武帝认为公孙弘谦

让有礼，越发厚待他，终于让公孙弘当了

丞相，封为平津侯。

# 千字文

　　《千字文》是我国早期的蒙学课本，相传为南朝人周兴嗣所作。《千字文》为四言长文，句句押韵，文笔优美，辞藻华丽，朗朗上口，内容涵盖了天文、地理、自然、社会、历史等多方面的知识。

　　《千字文》虽然只有一千字，但没有一个字重复，在中国古代的童蒙读物中，是一篇承上启下的作品，它不仅是启蒙和教育儿童的最佳读物，更是一部生动优秀的小百科。

　　《千字文》以儒学理论为纲，穿插诸多常识，用四字韵语写出，很适合儿童诵读，后来就成了中国古代教育史上最早、最成功的启蒙教材。

　　《千字文》作为一部有影响的作品，很早就涉洋渡海，传播于世界各地。它既是一部流传广泛的童蒙读物，也是中国传统文化的一个组成部分。它那优美的文笔、华丽的辞藻，使得众多童蒙读物都无法望其项背，是一本不能不读的经典启蒙读物。

tiān dì xuán huáng　yǔ zhòu hóng huāng

天地玄黄，宇宙洪荒。

rì yuè yíng zè　chén xiù liè zhāng

日月盈昃，辰宿列张。

**注释**

玄黄：指天地的颜色。

洪荒：混沌蒙昧的状态。

昃：太阳偏西。

辰宿：星宿。

列张：陈列，散布。

**译文**

盘古开天辟地之初，天是黑的，地是黄的，宇宙辽阔无边。日升日落，月圆月缺，星星布满夜空。

hán　lái　shǔ　wǎng　　qiū　shōu　dōng　cáng
**寒 来 暑 往 ， 秋 收 冬 藏 。**
rùn　yú　chéng　suì　　lǜ　lǚ　tiáo　yáng
**闰 余 成 岁 ， 律 吕 调 阳 。**

**注释**

　　闰余成岁：农历纪年和地球环绕太阳运行一周的时间有差数，每过几年就要把累积的日差合成闰月，补在该年，称为闰年。

　　律吕：中国古代将一个八度分为十二个不完全相等的半音。每个半音称为一律，其中奇数各律叫做"律"，偶数各律叫做"吕"，合在一起简称"律吕"。

**译文**

　　寒暑变换，四季更替，秋天收割，冬天储藏。古人把积累数年的闰余并成一月，放在闰年里，他们还用音乐中的六律六吕调节阴阳。

yún téng zhì yǔ　　lù jié wéi shuāng
云 腾 致 雨 ，露 结 为 霜 。

jīn shēng lì shuǐ　　yù chū kūn gāng
金 生 丽 水 ，玉 出 昆 冈 。

**注释**

丽水：即丽江，又名金沙江。
昆冈：昆仑山。

**译文**

　　云气上升遇冷形成雨，露水遇冷凝成霜。最好的金子产于金沙江，
最珍贵的玉石出自昆仑山。

【讲故事】

# 盘古开天辟地

相传很久以前，天地是混沌在一起的，像个大鸡蛋，里面睡着一个叫盘古的巨人。

一天，盘古醒了，挥着大斧，把"鸡蛋"劈开。顿时，轻的东西上升成了天，重的东西下沉成了地。天每天增高一丈，地每日加厚一丈，盘古站在天地间，也跟着长高。

盘古死后，他的眼睛变成了日月，身体化做了大山，血液变成了江河。

jiàn hào jù què　　zhū chēng yè guāng
## 剑号巨阙，珠称夜光。
guǒ zhēn lǐ nài　　cài zhòng jiè jiāng
## 果珍李奈，菜重芥姜。

**注释**

奈：果木名。
重：贵重。

**译文**

　　最好的宝剑叫巨阙，最贵重的明珠叫夜光。最珍贵的水果是李子和沙果，蔬菜中最重要的是芥和姜。

hǎi xián hé dàn　　lín qián yǔ xiáng
海 咸 河 淡 ， 鳞 潜 羽 翔 。
lóng shī huǒ dì　　niǎo guān rén huáng
龙 师 火 帝 ， 鸟 官 人 皇 。

注释

鳞：泛指鱼类。
羽：泛指鸟类。
龙师：即龙官，指伏羲氏。
鸟官：指黄帝的儿子少昊氏。
人皇：传说中远古部落的酋长。

译文

　　海水咸，河水淡。鱼儿在水中潜游，鸟儿在空中飞翔。龙师、火帝、鸟官、人皇，都是上古时杰出的部落首领。

shǐ zhì wén zì　　nǎi fú yī cháng

# 始制文字，乃服衣裳。

tuī wèi ràng guó　　yǒu yú táo táng

# 推位让国，有虞陶唐。

**注释**

有虞：舜帝。

陶唐：尧帝，传说中的五帝之一。

**译文**

仓颉创造了文字，嫘祖发明了养蚕制衣。唐尧和虞舜是英明的君主，他们把帝位禅让给了功臣贤人。

【讲故事】

## 隋侯得珠

相传汉朝时，隋侯有一次出游，看到了一条大蛇受伤后疼得在沙土地里直打滚。隋侯马上为大蛇包扎了伤口，并把它放生到水草边。

一年后的一天晚上，隋侯梦到那条大蛇衔着一颗明

珠向他爬来。他醒来一看，枕边果然躺着一颗明珠，照得满室通明，犹如白天。于是，人们就称它为"夜明珠"。

diào mín fá zuì　zhōu fā yīn tāng
吊民伐罪，周发殷汤。
zuò cháo wèn dào　chuí gǒng píng zhāng
坐朝问道，垂拱平章。

注释

吊：安抚。

殷汤：即商汤，商朝开国君主。

垂拱：垂衣拱手什么也不做，指无为而治。

平：治理。

章：彰明，显著。

译文

　　为了安抚苦难的人民，商朝的开国君主商汤起兵讨伐暴君夏桀，周朝的开国君主武王又起兵讨伐暴君商纣。贤明的君主坐在朝堂上，与群臣探讨治国之道，毫不费力就把国家治理得很好。

ài yù lí shǒu　chén fú róng qiāng
爱育黎首，臣伏戎羌。

xiá ěr yì tǐ　shuài bīn guī wáng
遐迩一体，率宾归王。

**注释**

黎首：百姓。
遐迩：远近。

**译文**

　　体恤百姓的君主，四方百姓都心悦诚服地归顺称臣。普天之下，远近统一，四海内的百姓都拥护贤君的统治。

míng fèng zài zhú　　bái jū shí chǎng

# 鸣凤在竹，白驹食场。

huà bèi cǎo mù　　lài jí wàn fāng

# 化被草木，赖及万方。

**注释**

赖：利益，恩典。

**译文**

　　凤凰在茂密的竹林中欢快地鸣叫，白马在草场上悠闲地吃草。贤君的仁德惠及一草一木，恩泽遍及天下百姓。

【讲故事】

# 商汤网开一面

成汤是商朝的开国君主。有一天，成汤出游，看见猎人四面布网，还向天祈祷

说："天上地下、四面八方的禽兽都投入我的网中。"

成汤看了很难过："这样不是要把鸟兽赶尽杀绝吗？"于是，他命令除去三面网，只留一面，并改祷词为："愿向左的，快往左逃；愿向右的，快往右逃；愿向上的，速往上飞；不愿逃的，就向下跳。只有命该绝的，才入我的网。"这件事传扬开来，人们都认为成汤是贤明的君主，纷纷来投奔他。

gài cǐ shēn fà　　sì dà wǔ cháng
## 盖此身发，四大五常。

gōng wéi jū yǎng　　qǐ gǎn huǐ shāng
## 恭惟鞠养，岂敢毁伤？

【注释】

盖：发语词，无实义。
恭惟：恭敬的思想。

【译文】

　　人的身体发肤由地、水、风、火四大元素组成，一言一行要符合仁、义、礼、智、信五常。想到父母的生养爱护，怎敢轻易伤害自己的身体呢？

nǚ  mù  zhēn  jié    nán  xiào  cái  liáng
**女 慕 贞 洁 ， 男 效 才 良 。**
zhī  guò  bì  gǎi    dé  néng  mò  wàng
**知 过 必 改 ， 得 能 莫 忘 。**

慕：向往，追求。
效：学习，模仿。
得能：学得技能。

女子要敬慕贞洁善良的妇女，男子要效法德才兼备的贤人。知道自己有错，一定要及时改正。学到的知识技能要牢固掌握，不要轻易忘记。

wǎng tán bǐ duǎn　　mǐ shì jǐ cháng
罔 谈 彼 短， 靡 恃 己 长。
xìn shǐ kě fù　　qì yù nán liàng
信 使 可 覆， 器 欲 难 量。

**注释**

罔、靡：不。
恃：依赖。
覆：验证。
器：气度，气量。

**译文**

　　不要谈论别人的短处，不要炫耀自己的长处。许下的诺言要能经得起考验，还要有让人难以估量的气度。

【讲故事】

# 周处除三害

　　魏晋时，有个叫周处的人，年少时经常打架闹事，横行乡里，乡民们把他与山上猛虎、水下蛟龙合称为"三害"。

　　周处生性好斗，听说了前两害后，先上山打虎，又下水与蛟龙搏斗，终于将它们全部斩杀。除完"两害"之后，周处又去问村人第三害是什么。村人胆怯地说："第三害就是你啊！"周处又羞又悔，从此改邪归正，再也不为非作歹了。

mò   bēi   sī   rǎn        shī   zàn   gāo   yáng
墨 悲 丝 染，诗 赞 羔 羊。

yǐng   xíng   wéi   xián        kè   niàn   zuò   shèng
影 行 维 贤，克 念 作 圣。

**注释**

墨：墨子。
诗：指《诗经》。
克：能。

**译文**

　　墨子为白丝染色而悲泣，《诗经》中的《羔羊》篇赞美了羔羊绒毛的洁白。学习圣贤的德行，时时克制私欲，就也能成为圣人。

dé  jiàn  míng  lì        xíng  duān  biǎo  zhèng
# 德 建 名 立， 形 端 表 正。
kōng  gǔ  chuán  shēng       xū  táng  xí  tīng
# 空 谷 传 声， 虚 堂 习 听。

**注释**

虚堂:空屋子。
习听:回声引起重听。

**译文**

　　有了高尚的品德,好的名声自然随之而来,这就像行为端正,仪表自然庄重一样。在空旷的山谷中,声音能传很远;在宽敞的厅堂里,说话声清晰可闻。

huò yīn è jī fú yuán shàn qìng
祸因恶积，福缘善庆。

chǐ bì fēi bǎo cùn yīn shì jìng
尺璧非宝，寸阴是竞。

注释

缘：因为。
庆：回报。
璧：玉。

译文

祸害是因为多次作恶积累的后果，幸福是由于常年行善得到的奖赏。一尺长的璧玉算不上真正的宝贝，片刻光阴才应该加倍珍惜。

【讲故事】

# 墨悲丝染

chūn qiū shí　　mò zǐ yǒu yì tiān lù guò rǎn fáng shí　　kàn dào
春秋时，墨子有一天路过染坊时，看到
xuě bái de shēng sī zài gè sè rǎn gāng li bèi rǎn chéng le cǎi sè　　bù
雪白的生丝在各色染缸里被染成了彩色，不
jīn shāng xīn　de
禁伤心地
kū qǐ lái
哭起来。
　　páng biān
　　旁边
de rén kàn le
的人看了
dōu jué de hěn
都觉得很
qí guài　　jiù
奇怪，就
wèn mò zǐ wèi
问墨子为
shén me zhè me
什么这么
shāng xīn　　　mò zǐ shuō　　　xuě bái de shēng sī dào le bù tóng de rǎn
伤心。墨子说："雪白的生丝到了不同的染
gāng li　　jiù biànchéng bù tóng de yán sè　　　rén yě shì yí yàng　　rú
缸里，就变成不同的颜色。人也是一样，如
guǒ yì bù xiǎo xīn　　　jiù huì bèi huán jìng suǒ gǎi biàn a
果一不小心，就会被环境所改变啊。"

zī fù shì jūn　　rì yán yǔ jìng
资 父 事 君 ， 日 严 与 敬 。
xiào dāng jié lì　　zhōng zé jìn mìng
孝 当 竭 力 ， 忠 则 尽 命 。

注释

资：供养。
事：服侍。
敬：谦和恭敬。
尽：献出。

译文

　　供养父母，服侍君主，要严肃认真、谦和恭敬。孝顺父母应当尽心竭力，效忠君主则要不惜献出生命。

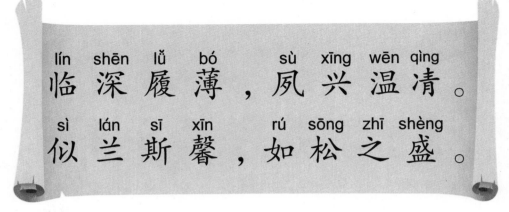

lín shēn lǚ bó　　sù xīng wēn qìng

临深履薄，夙兴温清。

sì lán sī xīn　　rú sōng zhī shèng

似兰斯馨，如松之盛。

夙：早晨。
兴：起来。
温清：冬温夏清，即冬暖夏凉。
馨：香气。

**译文**

　　忠于君主要尽自己的本分，就像走在悬崖边、踩在薄冰上那样小心谨慎。孝顺父母要早起晚睡，冬暖夏凉。如果这样做了，你的美德就会如兰花一样馨香，像青松一样茂盛。

chuān liú bù xī　yuān chéng qǔ yìng
# 川流不息，渊澄取映。
róng zhǐ ruò sī　yán cí ān dìng
# 容止若思，言辞安定。

## 注释

澄：水清澈。
容：仪态。
思：安静思考。

## 译文

　　这美德不但能像大河那样延及子孙，还能警醒世人，做人要像碧潭那样清澄照人。仪容举止要庄重安详，谈话时言辞要从容不迫。

【讲故事】

## 蔡顺拾桑供母

西汉末年王莽当政时，天下大乱。有个叫蔡顺的人，自幼丧父，对母亲非常孝顺。

这年闹饥荒，蔡顺只有采桑葚充饥。他每次都把采来的桑葚用不同的篮子分开装，路过的赤眉军看见了，觉得很奇怪，便问他原因。蔡顺说："黑的桑葚甜，要留给母亲吃；红的桑葚酸，我自己吃。"赤眉军听完，大为感动，便送给他三斗白米和一只牛蹄。

dǔ　chū　chéng　měi　　　shèn　zhōng　yí　lìng
笃　初　诚　美，慎　终　宜　令。

róng　yè　suǒ　jī　　　jí　shèn　wú　jìng
荣　业　所　基，籍　甚　无　竟。

**注释**

笃初：良好的开端。

宜令：应当美好。

籍：凭借。

无竟：没有止境。

**译文**

　　无论修身、求学，有良好的开端固然不错，但完满的结果更为重要。做事要善始善终，这是事业有成的基础。有了这样的根基，人必将前途无量。

xué yōu dēng shì    shè zhí cóng zhèng
学 优 登 仕 ， 摄 职 从 政 。

cún yǐ gān táng    qù ér yì yǒng
存 以 甘 棠 ， 去 而 益 咏 。

注释

摄职：担任职务。
咏：歌唱。

译文

　　学业有成的人可以做官，参与政务。周朝的召公经常在甘棠树下处理政务，他去世后，老百姓连那棵甘棠树也不舍得砍伐，而且还作诗歌颂他。

yuè shū guì jiàn    lǐ bié zūn bēi
乐殊贵贱，礼别尊卑。
shàng hé xià mù    fū chàng fù suí
上和下睦，夫唱妇随。

注释

殊：差别。
别：区别。
唱：倡导。

译文

　　音乐有贵贱之分，礼仪有尊卑之别。长辈和晚辈要和睦相处，夫妇要和谐相待。

【讲故事】

# 召公甘棠树下处理公务

周武王灭商纣后，他的弟弟召公被封到燕国。召公非常仁德，常到民间体察民情。他到地方巡视的时候，曾在一棵高大的甘棠树下处理政务。后来，召公去世了，人们怀念他的仁德，便不忍心将这棵甘棠树砍掉。

《诗经》中有一首诗叫《甘棠》，赞美召公说："甘棠树啊高又大，不能砍啊不能伐，因为召公曾坐在这棵大树下。"

wài shòu fù xùn　rù fèng mǔ yí
外 受 傅 训 ，入 奉 母 仪 。
zhū gū bó shū　yóu zǐ bǐ ér
诸 姑 伯 叔 ，犹 子 比 儿 。

注释

奉：遵循。
仪：礼仪规范。
犹子：兄弟的儿子。

译文

　　在外要听从师长的教诲，在家要遵从父母的训导。对待姑姑、伯伯、叔叔等长辈，要像他们的亲生子女一样孝顺。

kǒng huái xiōng dì　tóng qì lián zhī
# 孔怀兄弟，同气连枝。
jiāo yǒu tóu fèn　qiē mó zhēn guī
# 交友投分，切磨箴规。

**注释**

孔：很，是。

投分：脾气
投合，性情接近。

切磨：切磋
琢磨。

箴规：劝诫
规谏。

**释文**

　　兄弟是同受父母血气，犹如树枝相连，因此要相亲相爱。交朋友要
意气相投，这样就可以在学习上一起探讨，在品行上互相劝勉。

rén cí yǐn cè　　zào cì fú lí
仁 慈 隐 恻 ， 造 次 弗 离 。

jié yì lián tuì　　diān pèi fěi kuī
节 义 廉 退 ， 颠 沛 匪 亏 。

**注释**

隐恻：同情。
造次：仓促。
颠沛：挫折。
匪：不可。

**译文**

　　与人相处，要仁爱，有同情心，这在任何时候、任何地方都不能抛弃。
气节、正义、廉洁、谦让，这些美德即使在穷困潦倒的时候也不可亏缺。

【讲故事】

# 苏武尽忠守节

西汉时，苏武奉汉武帝之命出使匈奴，手中拿着一根竹子做的旌节，象征着国家的主权与尊严。后来，苏武因为手下参与了匈奴内部的叛乱，受到牵连，被匈奴扣押，流放到北海牧羊。

苏武始终不屈，心向汉朝。十九年后的汉昭帝时，苏武被迎回中原，那时他已经须发如雪，但手中仍高举着那根旌节。

xìng  jìng  qíng  yì      xīn  dòng  shén  pí
性　静　情　逸　，　心　动　神　疲　。

shǒu  zhēn  zhì  mǎn      zhú  wù  yì  yí
守　真　志　满　，　逐　物　意　移　。

jiān  chí  yǎ  cāo      hǎo  jué  zì  mí
坚　持　雅　操　，　好　爵　自　縻　。

注释

真：天性。
縻：牵系，拴住。

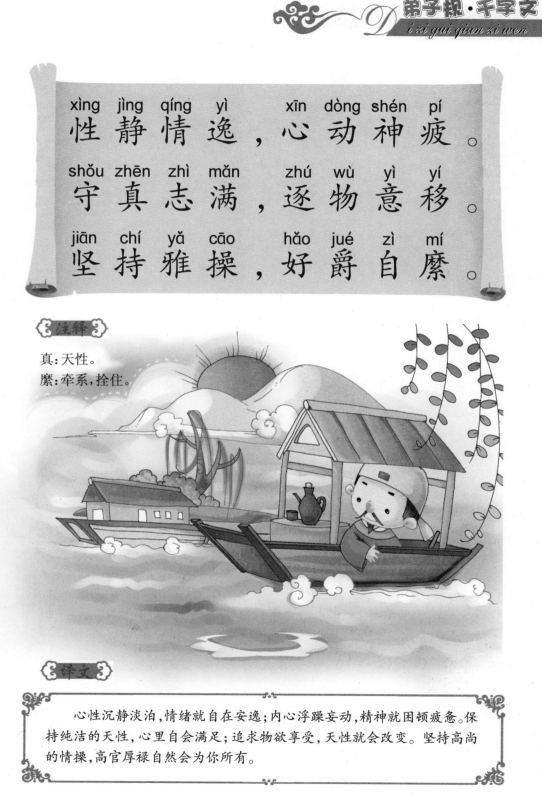

译文

　　心性沉静淡泊，情绪就自在安逸；内心浮躁妄动，精神就困顿疲惫。保持纯洁的天性，心里自会满足；追求物欲享受，天性就会改变。坚持高尚的情操，高官厚禄自然会为你所有。

都邑华夏，东西二京。
dū yì huá xià dōng xī èr jīng

背邙面洛，浮渭据泾。
bèi máng miàn luò fú wèi jù jīng

宫殿盘郁，楼观飞惊。
gōng diàn pán yù lóu guàn fēi jīng

**注释**

邑：城市。

浮：泛。

盘郁：盘旋曲折而宏伟壮丽。

飞惊：如飞鸟飞翔令人惊异。

**译文**

古代华美壮观的都城有东京洛阳和西京长安。洛阳背靠邙山，面临洛水；长安左跨渭河，右依泾水。宫殿曲折幽深，数目众多，楼阁凌空而建，令人惊叹。

【讲故事】

# 重耳流亡

chūn qiū shí
春秋时，

jìn guó fā shēng nèi
晋国发生内

luàn gōng zǐ chóng ěr
乱，公子重耳

sì chù liú wáng chóng
四处流亡。重

ěr lái dào qí guó
耳来到齐国，

qí huán gōng bú dàn
齐桓公不但

shèng qíng kuǎn dài tā
盛情款待他，

hái bǎ wáng shì yí gè gū niang xǔ pèi gěi le tā
还把王室一个姑娘许配给了他。

hòu lái chóng ěr liú liàn shū shì de shēng huó jiù bù xiǎng zài huí
后来，重耳留恋舒适的生活，就不想再回

jìn guó le tā de qī zi jiāng shì quàn shuō dào nín zài zhè er tān tú
晋国了。他的妻子姜氏劝说道："您在这儿贪图

xiǎng lè shì bú huì yǒu chū xi de kě chóng ěr chōng ěr bù wén zhào
享乐是不会有出息的。"可重耳充耳不闻，照

cháng wán lè jiāng shì jiàn chóng ěr tīng bú jìn rèn hé quàn jiàn biàn zài yì
常玩乐。姜氏见重耳听不进任何劝谏，便在一

tiān wǎnshang hé suí cóngmen yì qǐ bǎ tā guàn zuì sòng chū le qí guó
天晚上和随从们一起把他灌醉，送出了齐国。

tú xiě qín shòu　huà cǎi xiān líng
图 写 禽 兽 ， 画 采 仙 灵 。
bǐng shè páng qǐ　jiǎ zhàng duì yíng
丙 舍 旁 启 ， 甲 帐 对 楹 。
sì yán shè xí　gǔ sè chuī shēng
肆 筵 设 席 ， 鼓 瑟 吹 笙 。

注释

丙舍：相当于别院。

对楹：指帐幕面对
汉武帝住的殿堂。

译文

　　宫殿上画着彩绘的飞禽走兽和仙人神灵。正殿两边的配殿向东西
两侧延伸，里面的华丽帐幕挂起，对着高高的楹柱。皇帝在宫殿中大摆
酒宴，乐师们鼓瑟吹笙，一片歌舞升平的景象。

148

shēng jiē nà bì　　biàn zhuǎn yí xīng
升 阶 纳 陛 ，弁 转 疑 星 。

yòu tōng guǎng nèi　　zuǒ dá chéng míng
右 通 广 内 ，左 达 承 明 。

jì jí fén diǎn　　yì jù qún yīng
既 集 坟 典 ，亦 聚 群 英 。

注释

纳：进入。
弁：古代的帽子。
坟典：古代典籍。

译文

　　文武百官走上台阶参拜皇帝，他们镶嵌着珠宝的官帽闪闪发亮，看上去就像满天星斗一样。正殿右边通向用来藏书的广内殿，左边可以到达供朝臣们休息的承明殿。这里既收藏着许多的名著典籍，也云集了众多的文武英才。

【讲故事】

# 南郭先生滥竽充数

战国时，齐宣王喜欢听吹竽，总是叫三百个乐师一起演奏。有个南郭先生，根本不会吹竽，却混进了乐队。每当演奏的时候，他就鼓着腮帮子，装出吹得很卖力的样子。

后来，齐宣王死了。继位的齐湣王也喜欢听吹竽，不过他喜欢听的是独奏。南郭先生听到这个消息，很快就吓得悄悄逃走了。

150

dù gǎo zhōng lì， qī shū bì jīng。
杜 稿 钟 隶 ， 漆 书 壁 经。

fǔ luó jiàng xiàng， lù jiá huái qīng。
府 罗 将 相 ， 路 侠 槐 卿。

hù fēng bā xiàn， jiā jǐ qiān bīng。
户 封 八 县 ， 家 给 千 兵。

**注释**

漆书：古代没有墨时用油漆写字。

罗：罗列，排列。

侠：同"夹"。

槐卿：指三公九卿。

**译文**

广内殿中收藏着杜度的手稿、钟繇隶书的真迹、漆写的古籍和藏在孔庙墙壁中的经典。朝堂内，将相们依次排成两列；朝堂外，大夫公卿夹道而站。皇帝封赏给了他们广阔的封地和无数的侍卫。

gāo guān péi niǎn qū gǔ zhèn yīng
高 冠 陪 辇 ，驱 毂 振 缨 。
shì lù chǐ fù chē jià féi qīng
世 禄 侈 富 ，车 驾 肥 轻 。
cè gōng mào shí lè bēi kè míng
策 功 茂 实 ，勒 碑 刻 铭 。

**注释**

毂：车轮，这里指车。
缨：官帽的系带。
策功：记录功勋。

**译文**

　　大臣们戴着高高的官帽，驾着车马，陪皇帝一起出游。看那帽带随风飘扬，好不威风。他们的子孙世代享受国家俸禄，出门时驾轻车、乘肥马。朝廷详尽地记载了他们对国家的功劳，并刻在石碑上流传后世。

【讲故事】

# 石崇王恺斗富

西晋时，晋武帝的舅舅王恺和荆州刺史石崇都是洛阳有名的富豪，两个人互不服气，经常斗富。

王恺叫人用麦

芽糖刷锅，石崇就命人把蜡烛当柴烧；王恺用紫丝布铺路四十里，石崇就用锦绸铺了五十里。后来，王恺在晋武帝的帮助下，搬出了宫中的珍宝珊瑚树。谁知，石崇看到珊瑚树后，抢起铁如意就把珊瑚树砸了，然后让人搬出几十株更好的珊瑚树让王恺挑。王恺只好认输。

pán xī yī yǐn    zuǒ shí ā héng

# 磻溪伊尹，佐时阿衡。

yǎn zhái qū fù    wēi dàn shú yíng

# 奄宅曲阜，微旦孰营？

【注释】

磻溪：姜太公钓鱼的地方，这里指姜太公。

微：没有。

【译文】

周文王在磻溪遇到姜子牙，尊他为"太公望"。伊尹辅佐时政，商汤封他为宰相。周成王以曲阜为安身之所，如果不是周公旦辅佐，他哪能平定天下呢？

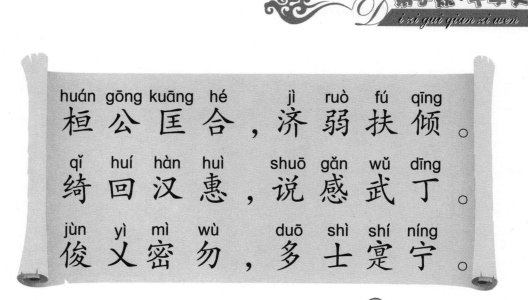

huán gōng kuāng hé    jì ruò fú qīng
# 桓公匡合，济弱扶倾。

qǐ huí hàn huì    shuō gǎn wǔ dīng
# 绮回汉惠，说感武丁。

jùn yì mì wù    duō shì shí níng
# 俊乂密勿，多士寔宁。

**注释**

匡合：纠集力量匡定天下。

倾：危险，危机。

回：挽回，挽救。

俊乂：有贤德的人。

密勿：勤奋努力。

寔宁：货物充足。

**释文**

　　齐桓公九次会合诸侯，帮助其中较弱的诸侯国。汉惠帝做太子时，靠绮里季才免于被废。商王武丁因感梦而得贤相。正是这些仁人志士勤勉努力，国家才能富强安宁。

【讲故事】

# 伊尹辅商汤

夏朝的伊尹本是个孤儿，后来被一个厨师收养，长大后做了商汤的厨师。

有一次，伊尹根据烹调时悟出的道理，和商汤纵谈天下大事。商汤听了大喜过望，知道此人绝非等闲之辈。经过几次长谈

以后，商汤拜伊尹为阿衡，也就是宰相。因为伊尹适时地辅佐商汤建立了商朝，所以人们称他为"佐时阿衡"。

jìn chǔ gēng bà　　zhào wèi kùn héng

晋楚更霸，赵魏困横。

jiǎ tú miè guó　　jiàn tǔ huì méng

假途灭虢，践土会盟。

**注释**

更：变更、交替。

横：连横，战国时的外交政策。

假：借。

践土：古地名。

**译文**

春秋时，晋、楚两国相继称霸；战国时，赵、魏两国因连横的政策而受困于秦。后来，晋国借道虞国，消灭了虢国，晋文公又在践土召集诸侯，订立盟约，确定了晋国的霸主地位。

hé　zūn　yuē　fǎ　　hán　bì　fán　xíng
何　遵　约　法　，韩　弊　烦　刑　。

qǐ　jiǎn　pō　mù　　yòng　jūn　zuì　jīng
起　翦　颇　牧　，用　军　最　精　。

xuān　wēi　shā　mò　　chí　yù　dān　qīng
宣　威　沙　漠　，驰　誉　丹　青　。

**注释**

宣威：传播声威。

丹青：画画的原料，这里指史书。

**译文**

　　萧何依据汉高祖的"约法三章"，制定了《九章律》，韩非惨死在自己主张的苛刑之下。秦将白起、王翦和赵将廉颇、李牧用兵最是精妙，他们的声威远扬到北方沙漠，美名永留史册。

【讲故事】

# 唇亡齿寒

春秋时，晋献公想向虞侯借道攻打虢国，虞侯见了晋献公赠送的名贵礼物，欢喜不已，便一口答应了。

虞国大夫宫之奇看出其中的阴谋，便劝虞侯说："虞虢两国表里相依，就像嘴唇与牙齿的关系。如果嘴唇没了，牙齿也就保不住了。我们对晋侯不得不防啊。"

可虞侯不听劝告。

结果晋国灭掉虢国后，在回兵的路上把虞国也灭了。

jiǔ zhōu yǔ jì　　bǎi jùn qín bìng
九 州 禹 迹 ， 百 郡 秦 并 。

yuè zōng tài dài　　shàn zhǔ yún tíng
岳 宗 泰 岱 ， 禅 主 云 亭 。

yàn mén zǐ sài　　jī tián chì chéng
雁 门 紫 塞 ， 鸡 田 赤 城 。

**注释**

禹迹：大禹的足迹，代指大禹到过的地方。

并：合并，统一。
宗：尊崇。
禅：帝王封禅。
紫塞：长城。
鸡田、赤城：地名。

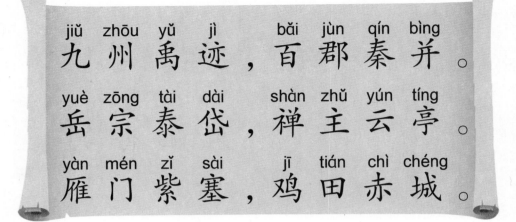

**译文**

大禹治水的足迹遍布九州之内，全国各郡在秦并六国后归于一统。五岳以泰山为尊，历代帝王在泰山脚下的云山和亭山主持封禅大典，祭拜天地。名关有北疆雁门，要塞有万里长城，驿站有边地鸡田，奇山有天台赤城山。

kūn chí jié shí　　jù yě dòng tíng
# 昆池碣石，巨野洞庭。

kuàng yuǎn mián miǎo　　yán xiù yǎo míng
# 旷远绵邈，岩岫杳冥。

**注释**

昆池：昆明滇池。

碣石、巨野、洞庭：
地名。

旷远：辽阔遥远。

岩岫：石山奇谷。

**译文**

　　赏池赴昆明滇池，观海临河北碣石，看泽去山东巨野，望湖上湖南洞庭。中国土地辽阔绵远，石山奇谷幽深秀丽，气象万千。

【讲故事】

# 秦始皇封禅

封禅是古时祭祀天地的隆重仪式，只有立下大功的帝王才有资格举行。

秦朝统一六国后，秦始皇巡视东方。他命人

整修泰山的山道，然后亲自从泰山的南面登山，在山顶行登封礼，祭拜上天，并立碑称颂功德，这就称为"封"。完后他又从泰山北面下山，在梁父山举行降禅礼，祭拜大地，这就称为"禅"。这两项活动合称"封禅"。

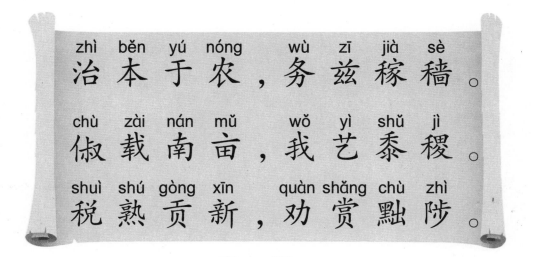

zhì běn yú nóng， wù zī jià sè
治 本 于 农，务 兹 稼 穑。

chù zài nán mǔ， wǒ yì shǔ jì
俶 载 南 亩，我 艺 黍 稷。

shuì shú gòng xīn， quàn shǎng chù zhì
税 熟 贡 新，劝 赏 黜 陟。

**注释**

务兹：致力于此。
稼穑：种庄稼。
载：开始从事。
南亩：田地。
艺：种植。
黍稷：各种农作物。
税熟：庄稼成熟后向政府交税。
黜陟：官职的升降。

**译文**

农业是治国的根本，必须非常重视，并且努力做好农事。播种时，要种上百谷，辛勤劳作。到了收获季节，要用新谷缴纳税粮。庄稼种得好的，会受到表彰和赏赐；种得不好的，会受到惩罚。

mèng kē dūn sù　　shǐ yú bǐng zhí
# 孟轲敦素，史鱼秉直。
shù jī zhōng yōng　　láo qiān jǐn chì
# 庶几中庸，劳谦谨敕。

**注释**

敦素：敦厚朴素。

秉直：秉性刚直。

庶几：差不多。

中庸：处理事情不偏不倚。

敕：告诫，使行为检点。

**译文**

　　孟子推崇质朴的本色，史鱼坚持秉性刚直的品德。做人要尽量合乎中庸之道，处事要勤劳谦逊、谨慎检点，懂得约束自己。

【讲故事】

## 史鱼秉直尸谏

chūn qiū shí wèi
春秋时，卫

guó de wèi líng gōng hūn yōng
国的卫灵公昏庸，

zhòngyòng jiǎo zhà de mí zǐ
重用狡诈的弥子

xiá què duì dé cái jiān
瑕，却对德才兼

bèi de qú bó yù bù yú
备的蘧伯玉不予

lǐ cǎi
理睬。

dà fū shǐ yú wéi rén zhèng zhí       duō cì quàn wèi líng gōng qīn bó
大夫史鱼为人正直，多次劝卫灵公亲伯

yù ér yuǎn zǐ xiá       kě shì wèi líng gōng tīng bú jìn qù       hòu lái
玉而远子瑕，可是卫灵公听不进去。后来，

shǐ yú bìngzhòng       tā lín zhōngqián zhǔ fù ér zi jiāng tā de shī tǐ tíng
史鱼病重，他临终前嘱咐儿子将他的尸体停

fàng zài chuāng xià       yǐ quàn jiàn jūn wáng       wèi líng gōng jiàn dào shǐ yú de
放在窗下，以劝谏君王。卫灵公见到史鱼的

shī tǐ tíng fàng zài chuāng xià       xiǎng dào tā lín sǐ yī rán bù wàngquàn jiè
尸体停放在窗下，想到他临死依然不忘劝诫

zì jǐ       shí fēn gǎn dòng       fēi cháng hòu huǐ       yú shì zhòngyòng qú bó
自己，十分感动，非常后悔，于是重用蘧伯

yù       shū yuǎn le mí zǐ xiá
玉，疏远了弥子瑕。

líng yīn chá lǐ，jiàn mào biàn sè。
聆 音 察 理，鉴 貌 辨 色。
yí jué jiā yóu，miǎn qí zhī zhí。
贻 厥 嘉 猷，勉 其 祗 植。

**注释**

聆：听。

察：观察。

鉴：分析。

辨：分辨。

贻：留下。

厥：他人。

嘉猷：好的计谋。

祗植：正直地做人。

**译文**

　　听人说话，要仔细审察其中的道理；看别人的神态，要小心揣摩他的心情。留给子孙的最好财富是家语忠告，勉励他们要谨慎小心地立身处世。

xǐng gōng jī jiè chǒng zēng kàng jí
省躬讥诫，宠增抗极。
dài rǔ jìn chǐ lín gāo xìng jí
殆辱近耻，林皋幸即。
liǎng shū jiàn jī jiě zǔ shuí bī
两疏见机，解组谁逼？

**注释**

省躬：反省自己。

讥诫：讥讽与警诫。

抗极：权势到极点。

殆：接近。

皋：水边高地。

幸：侥幸。

即：及时。

解组：组即官印，意为解除官职。

**译文**

听到别人的批评，就要自我反省；备受恩宠，不要得意忘形，否则耻辱就会临近。预感到大难将临时，只有及早归隐山林，才能幸免于难。西汉时，疏广、疏受两叔侄在地位很高时告老还乡，有谁逼他们辞官呢？

【讲故事】

# 两疏见机而退

西汉时，疏广与疏受是叔侄俩，他们学识渊博，通晓经史。汉宣帝时，他们二人一起作为太子的老师，非常受皇帝器重。

太子十二岁时，疏广对疏受说："人应该知足，你我二人的地位已经够高了，现在是功成身退的时候了。"疏受也正有归隐之意，于是叔侄二人便以身体有病为由，请求告老还乡。

suǒ jū xián chù　chén mò jì liáo
索 居 闲 处 ， 沉 默 寂 寥 。
qiú gǔ xún lùn　sàn lǜ xiāo yáo
求 古 寻 论 ， 散 虑 逍 遥 。

**注释**

索居：闲居。
求、寻：寻找、搜求。
散虑：排遣忧郁。

**译文**

　　离群独居，悠闲度日，不谈是非，何等清静。想想古人的话，翻翻古人的书，可以排除杂念，乐得逍遥自在。

xīn zòu lèi qiǎn　qī xiè huān zhāo
# 欣奏累遣，戚谢欢招。

qú hé dì lì　yuán mǎng chōu tiáo
# 渠荷的历，园莽抽条。

### 注释

欣、欢：欢乐、愉快。

奏：进入。

累：烦恼。

遣：消除。

谢：消退。

招：引来。

的历：光鲜亮丽。

抽条：发出新枝。

### 译文

　　放松心态，就少了很多牵挂；烦恼一消失，快乐自然就来了。池里的荷花开得十分光艳，园中的草木抽出新芽。

【讲故事】

# 林逋梅妻鹤子

北宋大诗人林逋早年曾游历各地，后来隐居在杭州西湖孤山之下。

隐居时，林逋在家门口种了很多梅树，还养了几只白鹤。到了花开时节，林逋每日赏花作诗，

与白鹤逗玩，生活逍遥自在。因为林逋一生没有娶妻，只与梅花、白鹤为伴，于是留下了"梅妻鹤子"的佳话。

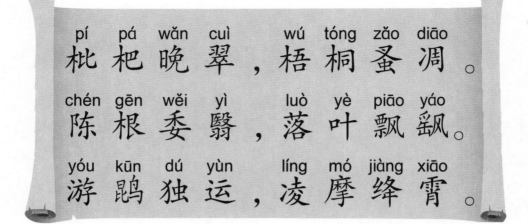

pí pá wǎn cuì　　wú tóng zǎo diāo
枇 杷 晚 翠 ， 梧 桐 蚤 凋 。

chén gēn wěi yì　　luò yè piāo yáo
陈 根 委 翳 ， 落 叶 飘 飖 。

yóu kūn dú yùn　　líng mó jiàng xiāo
游 鹍 独 运 ， 凌 摩 绛 霄 。

### 注释

蚤：早。
委翳：曲折延伸。
游鹍：飞翔如鹤的大鸟。
绛霄：高空。

### 译文

　　虽然已是深秋，枇杷仍然枝叶苍翠；而梧桐树刚一入秋，叶子就落了。苍老的树根蜿蜒曲折，落叶随风轻舞。远游的鹍鸟在空中独自翱翔，直冲布满彩霞的云霄。

dān dú wán shì　　yù mù náng xiāng
耽 读 玩 市 ， 寓 目 囊 箱 。

yì yóu yōu wèi　　shǔ ěr yuán qiáng
易 輶 攸 畏 ， 属 耳 垣 墙 。

**注释**

耽：沉迷于。
读：熟读。
市：闹市，这里指书店。
寓目：眼盯着。
易輶：轻率。
攸：所。
属耳：耳贴墙窃听。
垣墙：墙。

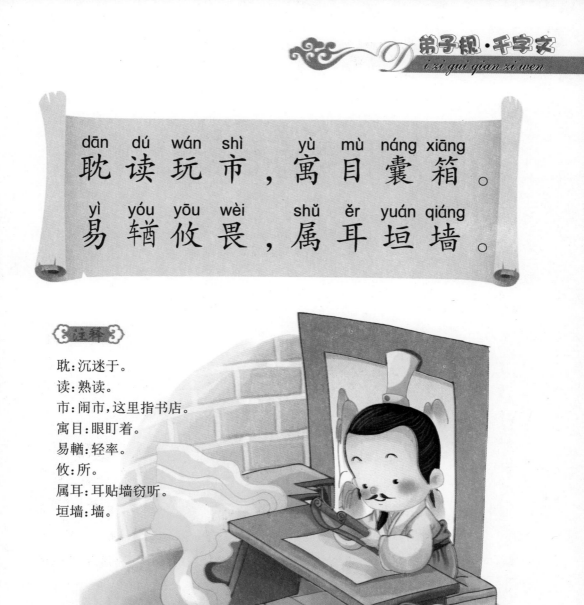

**译文**

　　汉代的王充在闹市中依然专心读书，仿佛眼里只有书袋和书箱一样。不要轻视小事，说话时要小心，那些轻率的言行之所以可怕，是因为隔墙有耳啊！

【讲故事】

# 王充闹市读书

东汉时，著名的思想家王充小的时候，聪明好学，但因家贫而买不起书。

王充来到京城洛阳后，每天都跑到各家书店里只看书不买书。王充身处繁华的闹市，依然不受干扰，专心读书。他读书时眼睛不离书本，饿了就啃几口

干粮。如此这般，一直到王充读遍洛阳所有书店里的书，最终写出奇书《论衡》为止。

jù　shàn　cān　fàn　　　shì　kǒu　chōng cháng

# 具 膳 餐 饭，适 口 充 肠。

bǎo　yù　pēng　zǎi　　　jī　yàn　zāo　kāng

# 饱 饫 烹 宰，饥 厌 糟 糠。

qīn　qi　gù　jiù　　　lǎo　shào　yì　liáng

# 亲 戚 故 旧，老 少 异 粮。

**注释**

具膳：准备吃饭。
饫：厌。
厌：吃饱。
异粮：不同的食物。

**译文**

　　一日三餐，只要能填饱肚子就行。人在吃饱时，烹羊宰牛也不想吃，而在饥饿时，糟糠也能充饥。招待亲戚朋友要盛情款待，老人和孩子的食物应注意要有所不同。

qiè  yù  jì  fǎng      shì  jīn  wéi  fáng
妾 御 绩 纺 ， 侍 巾 帷 房 。
wán shàn yuán jié      yín zhú wěi huáng
纨 扇 圆 絜 ， 银 烛 炜 煌 。

**注释**

御：管理。
绩：纺织。
巾：手巾、围巾之类。
纨扇：绢制的扇子。
炜煌：火光明亮。

**译文**

　　贤良的妻子要做好家务，尽心地服侍丈夫。圆圆的绢扇洁白素雅，银色的烛台明亮辉煌。

【讲故事】

# 范仲淹划粥而食

北宋时，大诗人范仲淹年轻的时候在应天书院求学，生活十分清苦。他经常煮一大锅粥，等粥冷却后，就将它划成若干块，取一块就是一顿饭。

一个朋友看不过去了，便送来许多美味佳肴给他，可范仲淹却一筷子也没动。朋友很不高兴，范仲淹解释说："我不是不领情，而是担心自己吃了鱼肉后，就咽不下冷粥和咸菜了。"

zhòu mián xī mèi，lán sǔn xiàng chuáng

昼 眠 夕 寐 ， 蓝 笋 象 床 。

xián gē jiǔ yàn，jiē bēi jǔ shāng

弦 歌 酒 宴 ， 接 杯 举 觞 。

jiǎo shǒu dùn zú，yuè yù qiě kāng

矫 手 顿 足 ， 悦 豫 且 康 。

### 注释

蓝笋：床上铺的席。
弦：有弦的乐器。
觞：酒杯。
矫：高举。

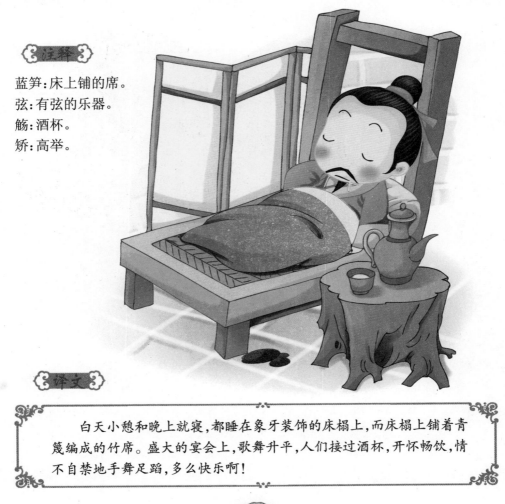

### 译文

　　白天小憩和晚上就寝，都睡在象牙装饰的床榻上，而床榻上铺着青篾编成的竹席。盛大的宴会上，歌舞升平，人们接过酒杯，开怀畅饮，情不自禁地手舞足蹈，多么快乐啊！

dí hòu sì xù　jì sì zhēng cháng
嫡 后 嗣 续，祭 祀 烝 尝。

qǐ sǎng zài bài　sǒng jù kǒng huáng
稽 颡 再 拜，悚 惧 恐 惶。

**注释**

嫡后：正室妻子所生的儿子。
嗣续：继承家业。
烝尝：祭祀名称。
稽颡：叩头。

**译文**

　　一年四季的祭祀之礼，子孙代代相传，万万不可马虎。礼数要周全恭敬，虔诚地一拜再拜。

【讲故事】

# 不敢反顾

<sup>qīng cháo shí</sup>　　<sup>yǒu ge guān yuán wū xiàn tā</sup>　<sup>jí hèn de lìng yí gè</sup>
清朝时，有个官员诬陷他嫉恨的另一个

<sup>guān yuán</sup>　<sup>shuō nà ge guān yuán zài</sup>　<sup>jì diǎn zhōng huí tóu sī yǔ</sup>　<sup>huáng shang</sup>
官员，说那个官员在祭典中回头私语。皇上

<sup>dà nù</sup>　<sup>lìng dū fǔ chá</sup>
大怒，令督抚查

<sup>míng cǐ shì</sup>
明此事。

<sup>dū fǔ wú cóng chá</sup>
督抚无从查

<sup>qǐ</sup>　<sup>biàn zhǎo lái shī ye</sup>
起，便找来师爷

<sup>shāng liang</sup>　<sup>shī ye shuō le</sup>
商量。师爷说了

<sup>jiǔ gè zì</sup>　<sup>chén wèi</sup>
九个字："臣位

<sup>liè qián máo</sup>　<sup>bù gǎn fǎn</sup>
列前茅，不敢反

<sup>gù</sup>　<sup>dū fǔ yì tīng</sup>
顾。"督抚一听

<sup>zhuǎn yōu wéi xǐ</sup>　<sup>nà ge guān yuán tīng dào zhè jù huà</sup>　<sup>yě bù gǎn zài</sup>
转忧为喜，那个官员听到这句话，也不敢再

<sup>jì xù zhuī jiū le</sup>　<sup>yīn wèi rú guǒ nǐ guī guī jǔ jǔ zhuān xīn jì bài</sup>
继续追究了。因为如果你规规矩矩专心祭拜，

<sup>zěn me huì kàn dào bié rén zhuǎn tóu ne</sup>
怎么会看到别人转头呢？

jiān dié jiǎn yào    gù dá shěn xiáng
笺 牒 简 要 ，顾 答 审 详 。
hái gòu xiǎng yù    zhí rè yuàn liáng
骸 垢 想 浴 ，执 热 愿 凉 。

注释

笺、牒：书信。
骸：身体
垢：污垢。
执：拿。

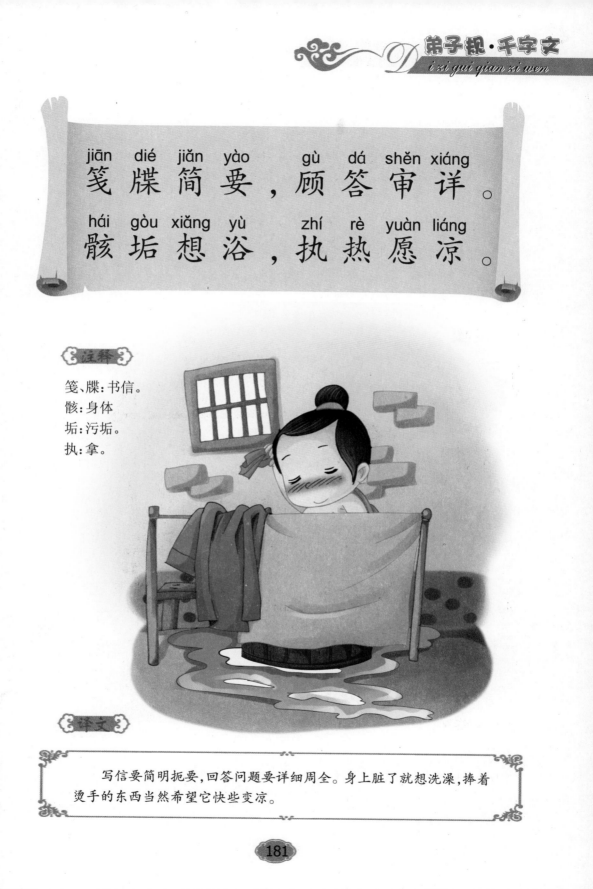

译文

　　写信要简明扼要，回答问题要详细周全。身上脏了就想洗澡，捧着烫手的东西当然希望它快些变凉。

驴 骡 犊 特 ， 骇 跃 超 骧 。
lú luó dú tè hài yuè chāo xiāng

诛 斩 贼 盗 ， 捕 获 叛 亡 。
zhū zhǎn zéi dào bǔ huò pàn wáng

犊：小牛。

特：老牛。

骇跃：受惊而跳跃。

超：跳过。

骧：腾跃奔驰。

诛：杀。

　　家里有了灾祸，连牲畜也会惊得狂蹦乱跳、东奔西跑。要想天下太平，官府就要严厉惩罚盗贼，追捕叛乱分子和亡命之徒。

【讲故事】

# 秀才三纸无驴

从前有个秀才，自认为很有才学，喜欢卖弄学问。

有一次，秀才在集市上买驴，按理要写一张契约作凭证，可他提起笔写了好几张纸，都还没写完。卖驴的人，拿过纸一看，发现秀才写了三张纸，却连个驴字都还没提到。卖驴的人一把抢过纸笔，几句话就把事情的来龙去脉写清楚了，请秀才画了押，转身走了。

bù　shè　liáo　wán　　jī　qín　ruǎn　xiào
**布　射　僚　丸　，　嵇　琴　阮　啸　。**

tián　bǐ　lún　zhǐ　　jūn　qiǎo　rén　diào
**恬　笔　伦　纸　，　钧　巧　任　钓　。**

shì　fēn　lì　sú　　bìng　jiē　jiā　miào
**释　纷　利　俗　，　并　皆　佳　妙　。**

注释

布：吕布，东汉末年勇将，善射。

僚：宣僚，春秋时楚国勇士，善两手上下接抛多个弹丸。

嵇：嵇康，三国时魏国文学家、音乐家。

阮：阮籍，三国时魏国诗人、思想家。

啸：撮口吹出的声音。

恬：蒙恬，战国、秦朝时大将，相传改良了毛笔。

伦：蔡伦，东汉宦官，发明了造纸术。

钧：马钧，三国时魏国发明家，发明翻车等机械。

任：任公子，古代传说中善于捕鱼的人。

释纷：排解纠纷。

译文

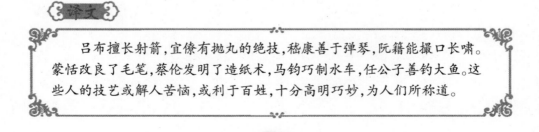

　　吕布擅长射箭，宣僚有抛丸的绝技，嵇康善于弹琴，阮籍能撮口长啸。蒙恬改良了毛笔，蔡伦发明了造纸术，马钧巧制水车，任公子善钓大鱼。这些人的技艺或解人苦恼，或利于百姓，十分高明巧妙，为人们所称道。

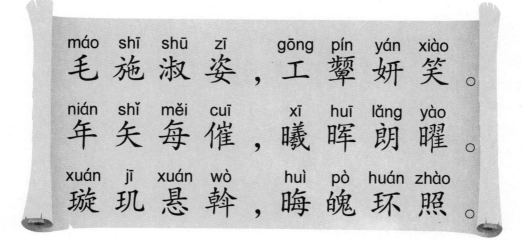

máo shī shū zī　　gōng pín yán xiào
毛 施 淑 姿 ，工 颦 妍 笑 。

nián shǐ měi cuī　　xī huī lǎng yào
年 矢 每 催 ，曦 晖 朗 曜 。

xuán jī xuán wò　　huì pò huán zhào
璇 玑 悬 斡 ，晦 魄 环 照 。

**注释**

淑姿：美好的姿容。

工：善于。

颦：皱眉。

妍：美丽。

年矢：矢为箭，指时间像箭一样快。

曦晖：阳光。

曜：照。

**译文**

毛嫱、西施姿容美丽，连皱起眉头都俏丽无比，笑起来就更动人了。岁月流逝催人老，只有太阳的光辉永远朗照。高悬的北斗星随着四季变化而转动，明暗变幻的月光洒遍人间。

【讲故事】

# 东施效颦

春秋时，越国有个美女叫西施。相传，
西施在河边洗衣服时，鱼儿看见她美丽的倒
影都会忘记游水，渐渐沉到河底。

西施有心口
疼的毛病，每到病
情发作时，她就手
捂胸口，皱眉咬
唇，样子十分惹
人怜爱。村东有个
丑女叫东施，她
看到人们对西施赞

不绝口，也学着皱眉捂胸。结果东施的样子
更丑了，吓得人们都关上门窗，躲了起来。

zhǐ xīn xiū hù, yǒng suí jí shào

指薪修祜，永绥吉劭。

jǔ bù yǐn lǐng fǔ yǎng láng miào

矩步引领，俯仰廊庙。

**注释**

指：油脂。
祜：福。
绥：平安。
劭：勉力。
引领：伸脖子。

**译文**

人应该行善积德，这样才能像薪尽火传一样，流芳百世，连子孙也会受此恩泽，永远安康。走路要抬头挺胸，一举一动要像在朝堂之下一样端庄。

shù dài jīn zhuāng　pái huái zhān tiào
束 带 矜 庄 , 徘 徊 瞻 眺 。
gū lòu guǎ wén　yú méng děng qiào
孤 陋 寡 闻 , 愚 蒙 等 诮 。
wèi yǔ zhù zhě　yān zāi hū yě
谓 语 助 者 , 焉 哉 乎 也 。

**注释**

瞻眺：极目远望。
愚：蠢笨。
蒙：无知。
等：等同。
诮：嘲讽。

**译文**

　　人不但要衣冠整洁，举止谨慎从容，还应该胸怀大志、高瞻远瞩。我学识短浅，见闻不广，愚昧无知，甘愿接受圣上的责问和耻笑。我的学问不过是知道"焉"、"哉"、"乎"、"也"这几个语气助词，仅此而已。